Andrea-Mercedes Riegel

Das Schatzkästlein

Andrea-Mercedes Riegel

Das Schatzkästlein

Ausgewählte Themen zur Chinesischen Medizin

Bloggingbooks

Impressum / Imprint
Bibliografische Information der Deutschen Nationalbibliothek: Die Deutsche Nationalbibliothek verzeichnet diese Publikation in der Deutschen Nationalbibliografie; detaillierte bibliografische Daten sind im Internet über http://dnb.d-nb.de abrufbar.

Bibliographic information published by the Deutsche Nationalbibliothek: The Deutsche Nationalbibliothek lists this publication in the Deutsche Nationalbibliografie; detailed bibliographic data are available in the Internet at http://dnb.d-nb.de.

Coverbild / Cover image: www.ingimage.com

Verlag / Publisher:
Bloggingbooks
ist ein Imprint der / is a trademark of
OmniScriptum GmbH & Co. KG
Heinrich-Böcking-Str. 6-8, 66121 Saarbrücken, Deutschland / Germany
Email: info@bloggingbooks.de

Herstellung: siehe letzte Seite /
Printed at: see last page
ISBN: 978-3-8417-7444-6

Inhalt

Einführung

Die Akupunktur und die TCM allgemein ist sehr facettenreich und das Spektrum ihrer Anwendungsmöglichkeiten ist umfassend. Es geht weit über die im Westen vor allem bekannte Schmerztherapie hinaus. Ihre regulative Wirkung auf Körper und Geist, auf Psyche und Soma macht sie zu einem wichtigen Teil der Komplementärmedizin und zu einem wertvollen Pendant zur Schulmedizin. Viele gesundheitliche Störungen lassen sich über eine kombinierte schulmedizinische und chinesische Therapie besser und effektiver behandeln als über die Schulmedizin allein. In manchen Fällen – gerade im Bereich der Schmerztherapie - ist die Akupunktur der Therapie über Schmerzmittel gar überlegen. Noch heute birgt die TCM viele Geheimnisse und der Therapeut wird immer wieder auf neue Indikationsfelder der TCM geführt. Das vorliegende Buch stellt einige gute Indikationen für Akupunktur und TCM aus verschiedenen Fachgebieten der Medizin zusammen, darunter einige, die durchaus noch als „Geheimnis" gelten können. Jedes Krankheitsbild ist kurz und prägnant beschrieben, der Leser kann sich so schnell einen Überblick über Bedeutung und Behandlung in der TCM verschaffen.

Frauenheilkunde

Das Klimakterium - eine sensible Phase im Leben der Frau

Das Klimakterium oder die sog. „Wechseljahre" der Frau bezeichnen eine hormonelle Umstellungsphase im Organismus der Frau. Das aus dem Griechischen stammende Wort „Klimakterium" bedeutet wörtlich „Stufe, Treppe" oder „Leiter" und bezeichnet bildlich die Phase zwischen dem fortpflanzungsfähigen Alter und dem postmenopausalen Alter. Im engeren Sinne der Schulmedizin umfasst es den Zeitraum der Prämenopause, Menopause und Postmenopause, d.h. den Zeitraum zwischen allmählich beginnenden Unregelmäßigkeiten der Menstruation (Prämenopause), über die letzte Menstruation (Menopause) bis mehrere Jahre nach der letzten Monatsblutung (Postmenopause). Die sich in der Prämenopause ergebenden erheblichen Störungen der Menstruation sind die Folge von Verbrauch und Atresie der Primärfollikel in den Eierstöcken. Die Prämenopause beginnt in der Regel etwa zwischen dem 45. und 48. Lebensjahr, ehe sie um das 51. Lebensjahr in der Menopause mündet. Bei manchen Frauen beginnt sie jedoch deutlich früher, so um das 40. Lebensjahr. Diese Zeit, in der die Produktion der Sexualhormone (v.a. Östrogen) deutlich abnimmt, ist z.T. mit erheblichen physischen und psychischen Begleitbeschwerden verbunden. Diese umfassen Hitzewallungen, Blasenstörungen, austrocknende Schleimhäute, Beklemmungsgefühle, Herzklopfen und Herzrasen, häufig auch Schlafstörungen, innere Unruhe und emotionale Unausgeglichenheit.

Die Mechanismen, die zu diesen Missempfindungen führen, sind noch nicht restlos geklärt. Fest steht, dass es zur Zeit der Prämenopause neben der Beeinträchtigung der Hypothalamus-Hypophysen-Ovarialachse parallel auch zu einer Beeinträchtigung der Hypothalamus-Hypophysen-Schilddrüsenachse kommen kann. Eine daraus resultierende (meist subklinische) Schilddrüsenüberfunktion könnte zumindest die Erklärung für Hitzewallungen mit Schweißausbrüchen, Herzrasen und innere Unruhe sowie Ängste und depressive Verstimmungen sein. Ein weiterer wichtiger Faktor ist aber auch die emotionale Beanspruchung der Frau im Alter zwischen 40 und 50 Jahren. Sie ist einerseits eingespannt in Verpflichtungen beruflicher und familiärer Natur, d.h. sie lebt nach Zeitplan und ist permanenter Fremdbestimmung ausgesetzt. Hinzu kommen für viele Frauen zum anderen echte seelische Konflikte, ausgelöst durch Veränderungen in ihrem Körper und in der Familie: Krisen mit dem Lebenspartner, das Erwachsenwerden der Kinder, d.h. der Verlust der Fürsorgepflicht, die Furcht vor dem

Verlust der eigenen weiblichen Attraktivität. Auch diese seelischen Konflikte tragen wesentlich zum Absinken des Stimmungsbarometers in der Prämenopause bei.

Im Sinne der TCM markiert das Klimakterium eine besondere Entwicklungsstufe im Leben des weiblichen Organismus.

Die Entwicklungsstufen des weiblichen Organismus aus Sicht der TCM

Nach der Theorie des *Huangdi neijing* vollzieht sich die Entwicklung des weiblichen Organismus in siebener Schritten. Die Zeit von der Geburt bis zum siebten Lebensjahr beschreibt die hormonale Ruhephase, d.h. die Zeit, in der das Nieren-Qi ruht. Danach beginnt aus Sicht der TCM-Theorie die Reifung des Nieren-Qi mit seinem Aspekt „*tiangui*“ 天癸 („Himmelswasser“). Das *tiangui* ist vergleichbar den Sexualhormonen (v.a. Östrogen). Der erste Kulminationspunkt der Entwicklung des weiblichen Organismus ist markiert durch die Menarche, die erste durch *tiangui* gesteuerte Menstruation. In dieser Zeit und bis zum 21. Lebensjahr ist das Nieren-Qi in seiner Entwicklung noch hinter der Entwicklung des Leber-Qi zurück, d.h. es kommt durch hyperaktives Leber-Qi zu den bekannten pubertären Verhaltensweisen mit Trotz und seelischer Unausgeglichenheit. In der Zeit zwischen dem 28. und 35. Lebensjahr ist das *tiangui* auf seinem Kulminationspunkt angelangt, es ist dies die Zeit der höchsten Fruchtbarkeit der Frau und ihrer größten weiblichen Ausstrahlung mit straffer strahlender Haut und glanzvollem Haar. Nach dem 35. Lebensjahr beginnt das *tiangui* abzusinken, ab dem 42. Lebensjahr beginnt die Fruchtbarkeit allmählich durch Mangel an *tiangui* abzunehmen. Das Qi der Yangming-Leitbahnen ist abgeschwächt, so dass es nun zum Ergrauen des Haares kommt. Jetzt gerät das Nieren-Qi wieder in ein relatives Defizit gegenüber dem Leber-Qi, das sich bis zum 49. Lebensjahr noch verstärkt; denn das *tiangui* senkt sich weiter ab, während die Frau ist auf der anderen Seite gesellschaftlich und familiär gefordert ist, d.h. ihr Organismus durch das Leber-Qi regiert wird. Es tritt jetzt energetisch die gleiche Situation ein wie in der Pubertät: relatives Ungleichgewicht zwischen Nieren- und Leber-Qi. Nach der Menopause, nach dem Austritt aus gesellschaftlichen Verpflichtungen und Zwängen, nimmt die Regentschaft des Leber-Qi ab, und wird ersetzt durch die Regentschaft des Milz-Qi. Durch entsprechende Ernährungsweisen, die Milz und Niere stärken, kann die Frau jetzt in ihr „goldenes Zeitalter“ eintreten.

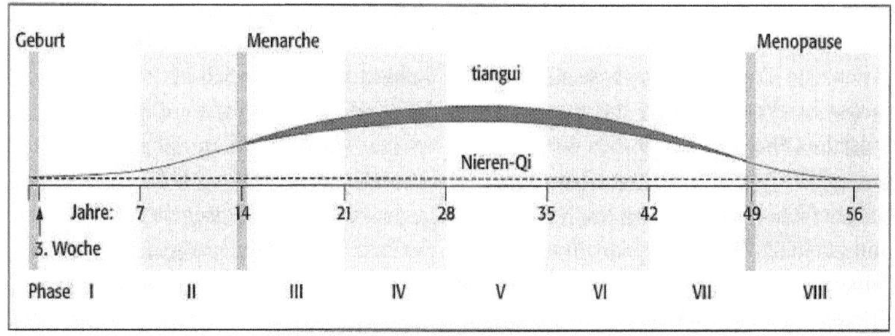

Abbildung 1Die Entwicklung des weiblichen Organismus

Die Beschwerden des Klimakteriums resultieren also zunächst aus einer relativen Dysbalance zwischen Nieren- und Leber-Qi. Nieren-Qi sinkt ab, während Leber-Qi hyperaktiv ist. Es tritt nun die Situation ein, dass Nieren-Wasser Herz-Feuer nicht kontrollieren kann, Herz-Feuer damit allein nach oben steigt. Die Konsequenz sind vegetative Störungen wie Schlafstörungen, Herzrasen, Herzklopfen, Nervostiät, innere Unruhe, Ängste. Hyperaktives Leber-Qi führt zu Leber-Hitze, Leber-Hitze steigt langfristig nach oben zum Herzen und facht Herz-Feuer an. Die Konsequenz dessen sind wie beschreiben ebenfalls Schlafstörungen und Herzklopfen, daneben Nervosität, Reizbarkeit, Ungeduld. Hinzu kommen die allmähliche Erschöpfung der beiden die Menstruation führenden Leitbahnen Renmai und Chongmai und ein allmählicher Mangel an Essenz und Blut. Daraus ergeben sich insgesamt Disharmonien zwischen Yin und Yang im weiblichen Körper zur Zeit des Klimakteriums. Durch ihre physische wie psychische Belastung verbraucht die Frau im Klimakterium zusätzlich viel Qi. Dieser Verlust zeigt sich generell in der Neigung zu spontanem Schwitzen. Die Disharmonien im weiblichen Organismus zur Zeit des Klimakteriums sind also vielfältig. Was bedeutet das für die Therapie?

Die Behandlung der klimakterischen Frau muss zunächst auf folgenden Säulen basieren:

Stärkung der Niere (Nieren-Yin, Nieren-Yang)

Beruhigen und Besänftigen der Leber

Harmonisieren von Yin und Yang

Stärken von Qi

Hauptpunkte des Klimakteriums sind: Bl 15, Bl 18, Bl 23, Bl 32 („der Meisterpunkt des Klimakteriums“), Ni 3, Mi 6, Ma 36, Le 3, Pe 6, He 7

Eine umfassende Therapie der energetischen Disharmonien des Klimakteriums zielt nicht nur auf die Beseitigung der Beschwerden, sondern auch auf die Behandlung der menstruellen Unregelmäßigkeiten. Differenzierungskriterien bilden die vorhandenen Beschwerden sowie das Menstruationsverhalten mit Zyklusintervallen, Blutungsstärke und Blutfarbe. Insgesamt unterscheidet man drei verschiedene Haupttypen des Klimakteriums:

1. Mangel an Nieren-Yin
2. Mangel an Nieren-Yang
3. Blut- und Qi-Stagnation durch unterdrücktes Leber-Qi

Differentialdiagnose

Mangel an Nieren-Yin[1]

Hauptsymptome: unregelmäßige Monatszyklen mit starkem Blutfluss von hellroter Farbe; Schwindel, Hitzegefühl, Schweißausbrüche, Schlaflosigkeit, Hitzeentwicklung in Handflächen und Fußsohlen, Lumbalschmerzen, Alpträume, Angst, Herzklopfen, Benommenheit, trockene Haut, Pruritus, trockene Stühle

Zunge/Puls: roter Zungenkörper ohne Belag, tiefer, feiner und schneller Puls, an der Nierenstelle (Fußstelle links) deutlich schwächer tastbar

Therapieziel: Nähren von Yin, insbesondere von Nieren-Yin

Akupunktur: Bl 15, Bl 20, Bl 23, Mi 6, Ni 6/Ni7, Ma 36, He 7

Erläuterung: Bl 15, der Zustimmungspunkt des Herzens, dient der mentalen Beruhigung. Bl 20 und Bl 23, die Zustimmungspunkte für Milz und Niere, dienen der Stärkung der Niere, wobei die Milz unterstützend als Wurzel der zweiten Lebensquelle gestärkt wird. Ma 36 und Mi 6 dienen der Aktivierung der

[1] Der Typ „Nieren-Yin-Leere“ betrifft meist Frauen mit (subklinischer) Hyperthyreose, der Typ „Nieren-Yang-Leere“ solche Frauen mit (subklinischer) Hypothyreose.

Qi- und Blutzirkulation, Mi 6 hat zudem Yin stärkende Wirkung. Ni 6 nährt speziell Nieren-Yin. He 7 als Sedierungspunkt der Herzleitbahn dient der Beruhigung des Geistes. In Kombination mit Ni 3 (Quellpunkte der beiden Shaoyin-Leitbahnen) können speziell die Schafstörungen effektiv behandelt werden.

Kräuter-Rezeptur: *Liuwei dihuang wan* (Rehmanniae glutinosae Radix praeparata, Dioscoreae Radix, Moutan Cortex radicis, Poria cocos, Corni Fructus, Alismatis Rhizoma)

Mangel an Nieren-Yang

Hauptsymptome: unregelmäßige Monatszyklen, starke purpurfarbene Blutungen, Gesichtsblässe, Müdigkeit, Erschöpfung, ziehende Kopfschmerzen, Kältephobie, Lumbalgie, Ödeme, Blähungen, Fluor, weiche Stühle, häufige Miktion

Zunge/Puls: blass, ödematös, weißlicher Belag; tiefer schleppender schlüpfriger Puls, an der Nierenstelle (Fußstelle links) deutlich schwächer tastbar

Akupunktur: Bl 20, Bl 23, Bl 32, Ni 3, Ren 4, Ren 9, Ma 36, Mi 6

Erläuterung: Bl 20 und Bl 23 dienen der Stärkung von Milz und Niere, Ren 4 (mit Moxa) wärmt Yang und Nieren-Yang, Ren 9 (shuifen) dient der Auflösung von Wasserstauungen, Ni 3 als Quellpunkt der Nierenleitbahn stärkt Nieren-Qi und Nieren-Yang. Bl 23 ist der Meisterpunkt des Klimakteriums. Zu Ma 36 und Mi 6 s.o.

Kräuter-Rezeptur: *Liuwei dihuang wan* mit Psoraleae Semen und Morindae Radix oder *Danggui shaoyao san* (Angelicae sinensis Radix, Paeoniae albae Radix, Chuanxiong Radix, Poria cocos, Alismatis Rhizoma) mit Psoraleae Semen

Blut- und Qi-Stagnation durch unterdrücktes Leber-Qi

Hauptsymptome: unregelmäßige Zyklen, Blutungen unregelmäßiger Stärke von dunkelroter Farbe und mit Klumpen durchsetzt, Schwindel, Brustbeklemmungen, depressive Verstimmungen, Schlafstörungen, Mundtrockenheit, trockene Augen mit Spannungsgefühl

Zunge/Puls: zyanotischer Zungenkörper, gestaute Unterzungenvenen, gelber klebriger Belag, saitenförmiger und schneller Puls

Akupunktur: Bl 18, Bl 20, Ma 36, Mi 6, Le 3, Ren 17, Gb 37, Pe 6

Erläuterung: Bl 18 als Zustimmungspunkt der Leber dient der Unterstützung und Beruhigung der Leber. Bl 20 stärkt Niere und Milz, die beide während des Klimakteriums der Unterstützung bedürfen. Le 3 befreit Leber-Qi, Ren 17 als Meisterpunkt des Qi hat insbesondere anregende Wirkung auf den QI- Fluss, GB 37 als *luo*-Punkt zwischen Leber- und Gallenblasenleitbahn dient der Behandlung von Leber-Gallesymptomatiken wie sie hier ausgedrückt ist durch Mundtrockenheit und trockene Augen mit Spannungsgefühl. Pe 6 wirkt beruhigend auf das Leber-Qi und befreit das Qi im oberen Erwärmer. Zu Mi 6 und Ma 36 s.o.

Kräuter-Rezeptur: *Siwu tang* (Angelicae sinensis Radix, Paeoniae albae Radix, Chuanxiong Radix, Rehmanniae glutinosae Radix praeparata) mit Bupleuri Radix und Salviae miltiorrhizae Radix für die Durchblutung

Die Ernährung im Klimakterium

Die Ernährung der klimakterischen Frau folgt den gleichen Richtlinien wie die Kräutertherapie: die Nahrungsmittel sollen thermisch warm sein, Qi und die Nieren stärkend. Bei besonders nervösen Frauen, die zu Schweißausbrüchen und Nachtschweiß neigen, sind zudem säuerliche Lebensmittel zu bevorzugen, da sie die Säfte im Körper zurückhalten und tendenziell beruhigende Wirkung auf die Leber besitzen. Frauen, die zu Übergewicht neigen, sollten auf feuchtigkeits- und schleimbildende Nahrungsmittel verzichten wie frische Milch, Brie- und Hartkäse und frische Bananen. Insgesamt sind gekochte Lebensmittel stets eher zu empfehlen als Rohkost. In der kalten Jahreszeit sollten auch Obstsorten (Pfirsich, Apfel etc.) gegart genossen werden.

Besonders geeignete Nahrungsmittel sind z.B:

<u>Nieren</u>

Walnüsse, Wasserkastanien, schwarze Sojabohnen, Linsen, schwarzer Sesam, Adzukibohnen, Kidneybohnen, Lammnieren (kleine Mengen), Hühnerleber, Morcheln

Qi

Süßkartoffeln, Yamswurzeln, Hühnersuppe (langgekocht mit Knochen), Rindersuppe (langgekocht mit Knochen), Vollkornreis, Kartoffelsuppe, lang gekochte Gemüsesuppen

Leber

Paraya, Broccoli, Spinat, Lauch, Molke, Rinderleber, Cornichons

Für zwischendurch eignen sich auch stets die chinesischen Datteln, die man trocken oder in Wasser aufgeweicht genießen kann. Sie haben beruhigende Wirkung auf die Psyche. Jacobstränen sind gut geeignet als kleine Nascherei zwischendurch für tendenziell adipöse Frauen, da sie „Schleim lösende" Wirkung besitzen.

Fall

Patientin, 53 Jahre; starke Menstruation mit unregelmäßigen Zyklen, starke Hitzewallungen, vor allem nachts, Brustbeklemmungen.

Zunge/Puls: Zunge leicht zyanotisch, Stauungsvenen;saitenförmig-schlüpfriger Puls

Diagnose: Klimakterium mit Symptomen gestauten Leber-Qis

Therapieziel: Befreien von Leber-Qi, Stärken von Yin

Akupunktur: Bl 18, Bl 23, Le 3, Le 8, Ni 3, Pe 6, He 7, Ma 36, Mi 6.

Erläuterung: Bl 18 dient der Stärkung und Beruhigung der Leber, Bl 23 stärkt die Niere. Le 3 befreit Leber-Qi, Le 8 nährt Leber-Yin. Ni 3 unterstützt Bl 23, in Kombination mit He 7 wirkt er Schlafstörungen entgegen. Pe 6 befreit das Qi im Thoraxbereich und nährt Yin, ebenso wie Mi 6. Ma 36 stärkt Qi, in Kombination mit Mi 6 regt er die Qi-Zirkulation an.

Kräuterrezeptur: *Siwu tang* mit Bupleuri Radix, Codonopsitis Rad. und Salviae miltiorrhizae Radix (chin. Salbeiwurzel)

Therapieverlauf: Es wurden 10 Sitzungen Akupunktur durchgeführt, die Kräuterrezeptur wurde über 6 Wochen verabreicht. Die erste Wirkung stellte sich nach 7 Sitzungen Akupunktur ein. Die Schweißausbrüche tagsüber nahmen an Intensität ab, während die nächtlichen noch keine Veränderung zeigten. Nach 10 Sitzungen und 5 Wochen Kräutertherapie waren die Symptome fast verschwunden. Die Patientin wird die Kräutertherapie 2 bis 3 mal jährlich wiederholen.

Literatur

Ouchi, H. (1984), „Traditional Chinese Medicine for climacteric symptom complex", Nippon Sanka Fujinka Gakkai zasshi 36(3): 447-450

Riegel, Andrea-Mercedes (2014). Die Niere *shen*. Klassische Konzepte der chinesischen Medizin im Lichte der modernen Schulmedizin. Schiedberg: Bacopa

Zou Hua, A.-M. Riegel (2000). Akupunktur bei Blutungsstörungen und Zyklusanomalien. Heidelberg: Haug

Kinderwunsch in der TCM – die weibliche Sterilität

Die Frage nach Gebärfähigkeit und Fruchtbarkeit stellte sich in China seit frühester Zeit; denn in der konfuzianischen Gesellschaft bedeutete Kinderreichtum Wohlstand und Ansehen. Vor allem männliche Nachkommenschaft war erstrebenswert aufgrund der höheren Wertschätzung, die man dem männlichen Geschlecht gegenüber dem weiblichen entgegenbrachte und insbesondere wegen des Ahnenkultes, dessen Riten nur vom ersten Sohn einer Familie durchgeführt werden durften. Vor einer Eheschließung wurde die Braut daher einer genauen körperlichen Untersuchung unterzogen mit Blick auf ihre Fruchtbarkeit. Bis zur Mingzeit (1368 – 1644) war man davon überzeugt, dass Kinderlosigkeit einer Ehe stets ein Problem der Ehefrau sei, männliche Sterilität war nicht in der Diskussion. In jener Zeit, da eine neue Gattung medizinischer Literatur entstand, die zur „Erweiterung der Nachkommenschaft" (guangsi 广嗣), begann man, sich neben der weiblichen auch mit der männlichen Sterilität auseinander zu setzen, und zunehmend rückte auch die Psyche der Frau als möglicher ätiologischer Faktor für Unfruchtbarkeit in den Fokus. Heute hat sich das Bild in China durch die Ein-Kind-Politik grundlegend geändert, heute steht die Verhütung im Zentrum des Interesses, während im Westen das Problem der Sterilität immer mehr an Bedeutung gewinnt und die IVF zu einem bedeutsamen Instrument eines neuen gynäkologischen Fachgebietes, der Reproduktionsmedizin, wird. Bleibt der Effekt hormoneller Unterstützungen wie etwa durch Clomifen aus, ist die IVF nicht selten die ultima ratio. Eine Rückbesinnung auf alte Kenntnisse und Erkenntnisse kann jedoch vielen Frauen mit der Diagnose „Sterilität" helfen, auf teure und nebenwirkungsreiche künstliche Befruchtungen zu verzichten.

Die Frau wird vom Blut regiert

Die grundlegende Überlegung zur Unfruchtbarkeit der Frau geht in der chinesischen Medizin zunächst von der Sicht aus, dass die Frau vom Blut regiert sei. Die große Besonderheit des weiblichen Organismus liegt in der Tatsache, dass einmal pro Monat eine Blutung abgeht, ohne dass der Organismus einen Verlust erleidet. Zudem bestimmt dieses Blut, das sog. „Yin-Blut"[2], über die Fruchtbarkeit der Frau. Damit stand die Menstruation, das Blutungsverhalten als solches, und die Regelmäßigkeit der Blutung, im Blickpunkt des medizinischen Interesses. Beides, Blut und Zyklus, geben dem Arzt Aufschluss über Disharmonien im weiblichen Organismus, die einer Empfängnis eventuell im Wege stehen. Das oberste Prinzip für die Behandlung von Sterilität ist daher „*tiao jing*"调经, „die Menstruation regulieren".

Die Menstruation in der chinesischen Medizin

Die Menstruation ist abhängig zum einen von den blutbildenden Organen, zum anderen von den Extragefäßen Renmai, Chongmai und Dumai.

Die blutbildenden Organe sind Milz und Niere, während die Leber für die regelmäßige Öffnung des Blutmeeres verantwortlich ist.

Chongmai und Renmai bilden das sog. „Blutmeer" der Frau. Beide haben direkten Kontakt zum Uterus. Der Chongmai entspringt mit einem Ast im Uterus, ebenso wie Renmai. Nach klassischer Vorstellung stellen beide Gefäße das Menstruationsblut zur Verfügung durch Aufnahme überschüssigen Blutes

---

[2] Yin-Blut kann das Menstruationsblut bezeichnen, Yin kann aber auch die Qualität des Blutes als Yin anzeigen. Yin-Blut wird von verschiedenen Autoren in unterschiedlichem Sinne verwendet.

aus den übrigen Leitbahnen. Nach ca. 28 Tagen ist das Blutmeer gefüllt, das Blut wird in den Uterus geleitet und durch Bewegung der Leber abgegeben. Durch die Blutung erfährt die Frau monatlich eine physiologische Verletzung ihres Blutes.

Die Blutüberschüsse ergeben sich unter dem Einfluss der mystischen Substanz „Himmelswasser“ *tiangui* 天癸[3]. Das *tiangui* ist, wie Zhang Jiebin (1563 - 1640) feststellte, bereits im Fötus vorhanden. Es gehört zur angeborenen Essenz, reift in der Kindheit und „kommt an“, wenn das Mädchen das Alter von zweimal sieben (14) Jahren erreicht hat.[4] Diese Ankunft zeigt sich in der Menarche. In diesem Alter sind auch die „Erdbahnen“ (Chongmai und Renmai) durchgängig. Im Alter von 7x7 (49) Jahren ist das *tiangui* „ausgetrocknet“, Chongmai und Renmai sind erschöpft. *Tiangui* verliert jetzt seinen Einfluss auf die Bildung des Menstruationsblutes, die Blutüberschüsse bleiben aus und damit auch die Menstruation.

Wie sieht die physiologische Menstruation aus? Es gehen pro Blutung ca. 80 ml Blut ab, es ist von frisch roter Farbe, mit einigen Endometriumsfäden durchzogen, und frei von Klumpen. Für eine Befruchtung bzw. die Einnistung eines befruchteten Eis ist ein funktionstüchtiges Bett, d.h. eine ausreichende Enodmetriumsdicke mit richtiger, nicht zu wässriger oder zu zäher, Konsistenz, notwendige Voraussetzung. Die Menstruationsblutung selbst macht sich durch leichtes Ziehen im Unterleib bemerkbar, welches sich durch die Uteruskontraktionen ergibt. Starke Schmerzen (Dysmenorrhoe) sind im Sinne der chinesischen Medizin unphysiologisch ebenso wie Klumpenbildung oder Farbveränderungen des Blutes.

Bei der Frage nach möglichen Ursachen der Unfruchtbarkeit ist aus Sicht der chinesischen Medizin also auf die Menstruation zu achten, das bedeutet, auf folgende Faktoren:

- Funktionstüchtigkeit der blutbildenden Organe
- Funktionstüchtigkeit des blutverteilenden Organs
- Regelmäßigkeit von Renmai und Chongmai
- Regelmäßigkeit der Blutung
- Blutfarbe, Menge, Geruch, Beschaffenheit

[3] S, auch den Abschnitt „Das Klimakterium“.

[4] Das *tiangui* ist in beiden Geschlechtern vorhanden. Beim Mann kommt es mit 2x8 Jahren an. Die verschiedenen Entwicklungsstufen sind in *Suwen* (1) beschrieben.

Pathologische Blutbefunde

Schwarz: Schwarzes Blut wird durch schwere Stauungssymptomatik in der Gebärmutter verursacht, es deutet auf „totes" Blut in der Gebärmutter

Dunkel-aubergine: hochgradiger Blutstau, verursacht durch Hitze

Purpurfarben oder violett-Stich: Blutstagnation oder Kälte durch Yang-Leere

Kräftig-rot mit zu dicker Konsistenz: echte Hitze

Hellrot, dicke Konsistenz: Leber-Nieren-Yin-Mangel

Blass-wässrig: Blutleere durch Milz- Nierenschwäche

Physiologisches Menstruationsblut ist weitestgehend geruchsneutral. Fischiger Geruch deutet auf feuchte Hitze im unteren Erwärmer (Infektionen, Präsenz von Keimen). Leicht modriger Geruch deutet auf Kälte.

Die Bedeutung von Chongmai, Renmai, Dumai, Niere, Milz und Leber

Pathologische Blutbefunde hängen vielfach mit Chongmai, Renmai und den Organen Niere, Milz und Leber zusammen.

Für das Konzept von Chongmai und Renmai kennt die Schulmedizin kein Korrelat. Beide versorgen, wie gesehen, nach chinesischer Ansicht den Uterus mit Blut. Von daher ist freier Qi-Fluss in beiden Gefäßen von großer Bedeutung für physiologischen Blutfluss. Blockaden, die sich manifestieren können durch Zyklusstörungen, Myombildungen, Dysmenorrhoe, bis hin zur Amenorrhoe, sind vielfach zurückzuführen auf Kälte, die von außen eindringt oder Schleim-Feuchtigkeit. Diese können wieder Folge sein entweder von Fehlernährung mit fetten süßen Speisen, übermäßiger sportlicher Betätigung während der Menstruation oder Operationen im Bereich des Unterleibes.

Sekundär ist bei der Sterilität auch an eine Erschöpfung des Dumai zu denken; denn der Dumai ist durch seinen Kontakt zur Niere und den Genitalien eine wichtige Leitbahn, die für weibliche Sterilität verantwortlich sein kann, wie

Suwen (60) beschreibt[5]. Erschöpfung des Dumai kann zu Schmerzen und Steife im Bereich von Genick und – was in unserem Fall wichtig ist – Lende führen. Niere, Genitalien, Lende – als Palast der Niere - bleiben bei einer Erschöpfung des Dumai unterversorgt. Durch seinen Kontakt zum Gehirn (Du 16, Du 20) wäre aus westlicher Sicht an eine mögliche Einflussnahme über ihn auf Hypophyse und Hypothalamus zu denken.

Die Niere: Die Niere ist das Mutterorgan für alle anderen Speicherorgane im Körper, sie ist das Organ, welches den gesamten Urogenitaltrakt regiert. Ihrer Regentschaft unterstehen auch Renmai und Chongmai. Daneben ist sie das wichtigste Organ für die Blutbildung durch die Bereitstellung des Grundbaustoffes des Blutes, der Essenz. Geregelte Erwärmungsfunktion –v.a. für die Milz – und Speicherung der Essenz sind daher wichtige Voraussetzungen für eine physiologische Menstruation. Als Yin-Yang-Organ in sich ist sie das für die Reproduktion wichtigste Organ des Menschen. Yin steht für Wasser, Yang für den Feueraspekt der Niere. Die rechte Niere als *mingmen* (Tor des Lebensloses) ist der 36. Schwierigen Frage des *Nanjing* folgend[6], der Sitz der Reproduktion des Menschen, der Speicherungsort für die männliche Essenz (Sperma), die Stütze des Uterus bei der Frau. Von daher ist die Niere in der chinesischen Medizin das ultimative Organ für Menstruation, Fruchtbarkeit und Empfängnis. Aus unserer westlichen Sicht regiert sie das gesamte Neuroendokrinum.

Pathogene Faktoren sind: Kälte (exogen, heterogen), körperliche und geistige Erschöpfung

Die Milz: Sie ist das Organ, welches die sekundäre Essenz für die Blutbildung zur Verfügung stellt. Regelmäßige Milzfunktion ist daher wichtig für die Auslese der Nahrungsessenz aus der Nahrung sowie für die Resorption derselben. Des Weiteren ist sie für Transport und Wandlung von Feuchtigkeit verantwortlich. Milz-Qi-Schwäche führt zu Essenzmangel auf der einen, zu Wasseransammlungen auf der anderen Seite, die sich langfristig zu Schleim wandeln und damit auch den Uterus zu blockieren vermögen.

Pathogene Faktoren sind: Fehlernährung mit zu viel Fett und Süßigkeiten, thermisch kalten Nahrungsmitteln und Schleimbildnern

Die Leber: Die Leber reguliert den Qi-Mechanismus und speichert Blut. Im gynäkologischen Bereich hat sie die Aufgabe, durch rhythmische Öffnung des

---

[5] Vgl. Yang Weijie (1990): 442
[6] *Nanjing* (36); Unschuld (1986): 382

Blutmeeres das Menstruationsblut abzugeben. Stockungen des Qi-Mechanismus der Leber führen zu Unregelmäßigkeiten des Zyklus, zu starken menstruellen Blutungen, Mastodynie, Dysmenorrhoe. Kälte in der Leberleitbahn, die ja den Genitalbereich umkreist, ist ein Faktor, der für Kälte im Uterus sorgen kann. Damit wird klar, dass aus westlicher Sicht die Leber auch mit dem corpus luteum und dessen Funktion in Verbindung steht (s.u.).

Abbildung 2 Das mingmen dargestellt in den Hexagrammen 64 (oben) und 63 (unten)

Ursachen für weibliche Sterilität im Sinne der TCM

Das Blut in Menge, Konsistenz und Farbe gibt, wie bereits erwähnt, wichtige Hinweise auf mögliche Störungen im weiblichen Organismus, die wiederum einer erfolgreichen Einnistung eines befruchteten Eis im Wege stehen können. Im Folgenden führen wir die wichtigsten ätiologisch bedeutsamen Disharmoniemuster mit ihren möglichen Ursachen, Interpretationen und Therapiemöglichkeiten auf.

Blutkälte, Kälte im Uterus

Symptome: Möglicherweise verlängerter Rhythmus, Dysmenorrhoe, die keinen Druck verträgt, Wärme bessert. Das Blut ist rot mit leichtem violett-Ton oder schwarz mit Lilastich.

Begleitsymptome: Kältephobie, kalte Extremitäten

Puls/Zunge: weiße Zunge, Zungenkörper normal. Puls tief und gespannt

Ursachen: Aufnahme pathogener Kälte durch Schwimmen in zu kaltem Wasser, Eisbaden, langfristig zu leichte (bauchfreie) Kleidung, Ernährung ausschließlich mit Rohkost und thermisch kalten Lebensmitteln

Therapieziel: Wärmen des Blutes und des Uterus, Aktivieren der Blut- und Qi-Zirkulation, Beseitigen der Noxe

Anm.: Die violette Blutverfärbung deutet auf einen Progesteronmangel hin. Die „Kälte" ist erklärbar durch den ausbleibenden thermischen Effekt des Progesterons.

Akupunktur: Bl 23, Ren 4 (Moxa), Ma 29, Ma 36, Mi 6

Erläuterung: Bl 23 ist der Zustimmungspunkt der Niere, Ren 4, der „Verschlus der Quellenergie" stärkt den Nierenfunktionskreis. Ma 29 ist ein Hauptpunkt für (weibliche) Sterilität, Ma 36 und Mi 6 aktivieren den Blutkreislauf.

Ohrakupunktur: 58, 23, 95, 25

Kräuter: Morindae Radix, Rehmanniae glutinosae Radix praeparata, Paeoniae albae Radix, Bupleuri Radix, Chuanxiong Rad., Cinnamomi cassiae Ramulus, Angelicae sinensis Radix

Bluthitze

Symptome: Abgang großer Blutmengen mit brennenden oder Druckschmerzen, die Farbe ist kräftig rot, die Konsistenz tendenziell dickflüssig; der Blutfluss kann alternierend gering oder stark sein, der Zyklus kann verkürzt sein.

Begleitsymptome: Meist leicht erhöhte Temperatur, nervöse Unruhe, Durst, trockene Stühle

Puls/Zunge: roter Zungenkörper mit gelblichem Belag, schneller saitenförmiger Puls

Ursachen: Konstitutioneller Yang-Überschuss, Leber-Feuer

Anm.: Dieser Typ beschreibt eine Östrogen/Gestagen-Dysbalance, Endometriose oder Metrorrhagie mit Follikelpersistenz

Therapieziel: Kühlen des Blutes, stärken von Yin, Regulieren der Menstruation

Akupunktur: Mi 1, Mi 10, Ni 2, Ma 36, Ma 29, Mi 6

Erläuterung: Mi 1 ist ein Hauptpunkt für starke gynäkologische Blutungen, Mi 10, ableitend stimuliert, führt Blut zurück in seine Bahnen und wirkt Bluthitze entgegen. Zu den übrigen Punkten s.o.

Ohrakupunktur: 58, 23, 82, 95

Kräuter: Paeoniae albae Rad. Rehmanniae glutinosae Radix, Corni Fructus, Paeoniae rubrae Radix, Angelicae sinensis Radix, Anemarrhenae Radix, Moutan Cortex radicis

Blutleere

Symptome: Geringe Menstruationsblutung, blasse Blutfarbe, evtl. verlängerter Rhythmus (Oligomenorrhoe), Leeregefühl in der Vagina, Ziehen am Ende der Menstruation

Begleitsymptome: Herzklopfen, Abgeschlagenheit, Müdigkeit, Blässe, Benommenheit

Puls/Zunge: feiner schneller Puls, blasse dünne Zunge

Ursachen: verminderte Blutbildung durch Milz- oder Nierenschwäche, Mangelernährung, Malabsorption (Milz-Qi-Schwäche)

Anm.: Dieser Typ tritt auf bei Anämie oder Corpus luteum Insuffizienz

Therapieziel: Stärken von Qi und Blut, Aktivieren der Blutzirkulation

Akupunktur: Ren 6, Ma 29, Ma 36, Mi 10, Mi 6, Bl 17, Bl 20, Bl 23

Erläuterung: Bl 17 und Bl 20 bilden die „Vier-Blumenpunkte", die Blut stärken, Bl 23 stärkt den Nierenfunktionskreis. Zu den übrigen Punkten s.o.

Kräuter: Angelicae sinensis Rad, Milletiae seu Spatholobi caulis, Astragali Radix, Atractylodis macrocephalae Rhizoma, Paeoniae albae Radix, Chuanxiong Radix, Glycyrrhize Radix

Schleim-Feuchtigkeit in der Gebärmutter

Symptome: eher geringe Blutmenge, tendenziell dicke klebrige Konsistenz, sich teilweise schleimig präsentierend

Begleitsymptome: Adipositas, weißer Fluor, Gliederschwere, drückende Kopfschmerzen mit Übelkeit

Puls/Zunge: blasser Zungenkörper mit weiß-klebrigem Belag, schlüpfriger Puls

Ursachen: Konstitutionell oder Schädigung der Milz durch Fehlernährung

Anm.: Dieser Typ bescheibt den adipösen Frauentyp mit Fertilitätsproblemen

Therapieziel: Wandeln von Schleim, Aktivieren der Qi-Zirkulation, Stärken der Milz, Regulieren der Menstruation

Akupunktur: Bl 20, Bl 22, Mi 9, Ma 36, Mi 6, Ma 40, Ren 12

Erläuterung: Bl 22 ist der Zustimmungspunkt des Dreifach Erwärmers; Ren 12 und Ma 40 sind die beiden Schleimbagger. Zu den übrigen Punkten s.o.

Ohrakupunktur: 97, 87, 23

Kräuter: Codonopsitis Radix, Atractylodis macrocephalae Rhizoma. Glycyrrhizae Radix, Poria cocos, Citri reticulatae Pericarpium, Angelicae sinensis Radix, Bupleuri Radix, Chuanxiong Radix, Cyperi rotundus Rhizoma, Cinnamomi cassiae Ramulus

Blutstau durch Qi-Stagnation

Symptome: Verlängerter Rhythmus (Oligomenorrhoe), intermittierender verlängerter Blutfluss, bräunliches „geronnenes“ Blut, evtl. Amenorrhoe (bei Verstopfung des Chongmai), Dysmenorrhoe, stechender Schmerz, der keinen Druck verträgt

Begleitsymptome: innere Unruhe

Puls/Zunge: Zunge dunkel mit kleinen Hämatomen, dünner Belag und Stau der Unterzungenvenen. Saitenförmiger oder rauer tiefer Puls

Ursachen: Stagnationen des Qi von Leber, Herz oder Milz

Anm.. dieser Typ steht mit einer verlängerten Follikelphase in Verbindung und/oder mit corpus luteum Insuffizienz

Therapieziel: Aktivieren der Qi- und Blutzirkulation, Regulieren der Menstruation

Akupunktur: Ma 29, Ren 17, Ren 6, Mi 6, Le 14, Mi 6, Le 3

Erläuterung: Ren 6 als „Meer des Qi" stärkt Qi, Ren 17 bringt Qi in Umlauf. Le 14 und Le 3 befreien Leber-Qi, Le 14 als „Tor zur Zyklizität" ist ein ausgewiesener Punkt für die Regulation der Menstruation. Mi 6, ableitend stimuliert, aktiviert die Blutzirkulation.

Ohrakupunktur: 98, 58, 23

Kräuter: Paeoniae albae Radix Bupleuri Radix, Leonuri Herba, Achyranthis bidentatae Radix, Chuanxiong Radix, Angelicae sinensis Radix

Feuchte Hitze

Symptome: Abgang großer Blutmengen von kräftig roter Farbe und dickflüssiger Konsistenz, brennende stechende oder Druckschmerzen bereits vor der Menstruation einsetzend, zwischen den Blutungen Abgang gelblichen Fluors, erhöhte Körpertemperatur

Puls/Zunge: rote Zunge mit gelblichem Belag, saitenförmig-schneller oder schlüpfrig-schneller Puls

Ursachen: Aufnahme exogener pathogener Faktoren über die Vagina in den Körper

Anm.: Dieser Typ beschreibt die chronische Adnexitis oder Endometritis

Therapieziel: Klären feuchter Hitze im unteren Erwärmer, Regulieren der Menstruation

Akupunktur: Ren 3, Ma 28, Dü 3, Le 5, Mi 6

Erläuterung: Ren 3 ist Lokalpunkt für den Uterus, Ma 28 und Dü 3 als Fernpunkt wirken feuchter Hitze im unteren Erwärmer entgegen. Le 5 kühlt Hitze und feuchte Hitze im Bereich des Urogenitaltraktes, Mi 6 stärkt Yin.

Ohrakupunktur: 58, 95, 22

Kräuter: Anemarrheneae Radix, Coptidis Rhizoma, Scutellariae Radix, Bupleuri Radix, Corni Fructus, Phellodendri Cortex

Nieren-Leere

Symptome: Geringe Blutmenge, blass, dünne Konsistenz des Blutes.

Begleitsymptome: Leichter Tinnitus, ziehende Knie-Lendenschmerzen, Vergesslichkeit, Konzentrationsschwäche

Puls/Zunge: blasser Zungenkörper, geringer weißer Belag, tiefer schwacher Puls insbesondere an der Fußstelle

Ursachen: Konstitutionell bedingte Nieren-Leere, Erschöpfung durch Nahrungsmangel (z.B. durch Anorexia nervosa), Medikamentenwirkung (z.B. langfristige Einnahme der Pille)

Anm.: dieser Typ kommt dem Typ Blutleere nah. Er beschreibt aus westlicher Sicht jedoch hauptsächlich die ovarielle Insuffizienz oder endokrine Störungen (Störungen des Hypothalamus-Hypophysen-Systems, hypophysäre Insuffizienz)

Therapieziel: Stärken der Niere, Regulieren der Menstruation

Akupunktur: Ren 4, Bl 20, Bl 23, Ma 29, Ma 36, Mi 6, Ni 3

Erläuterung: Ni 3, Bl 23 und Ren 4 stärken den Nierenfunktionskreis, zu den übrigen Punkten s.o.

Ohrakupunktur: 25, 22/23, 58, 95

Kräuter: Morindae Radix, Paeoniae albae Radix, Rehmanniae glutinosae Radix praeparata, Corni Fructus, Angelicae sinensis Radix, Cinnamomi cassiae Cortex, Dioscoreae Rhizoma, Chuanxiong Radix

Leber-Qi Stagnation

Symptome: Unregelmäßiger Zyklus, klumpiges dunkles bis schwarzes Blut, evtl. PMS, Dysmenorrhoe, Abgang von Klumpen bessert

Begleitsymptome: depressive Verstimmungen, innere Unruhe, Reizbarkeit, Flankenschmerzen, Mastodynie, Blähungen

Anm.: Dieser Typ beschreibt hauptsächlich stressbedingte Rhythmusstörungen

Therapieziel: Befreien des Leber-Qi, Aktivieren der Qi- und Blutzirkulation, Regulieren der Menstruation

Akupunktur: Ren 17, Ren 6, Le 14, Le 3, Ma 36, Mi 6, Di 4, Pe 6

Erläuterung: Le 3 und Le 14 befreien Leber-Qi und regulieren die Menstruation. Pe 6 beruhigt den Geist und stärkt Yin Ren 17 aktiviert die Qi-Zirkulation. Le 3 zusammen mit Di 4 bildet die „Vier-Tor-Punkte" zur Harmonisierung von Qi und Blut.

Kräuter: Paeoniae albae Radix, Bupleuri Radix, Chuanxiong Radix, Lycii Fructus, Cyperi rotundus Rhizoma, Curcumae longae Tuber, Angelicae sinensis Radix

Leere in Chongmai und Renmai

Symptome: Geringe sehr flüssige Blutmenge, sonst unauffällig, kurze Menstruationsdauer, die Blutung ist begleitet von Leeregefühl oder ziehenden Schmerzen bei sonst regelmäßigem Zyklus

Begleitsymptome: keine oder Blässe und Müdigkeit

Ursachen: Mangelnde Blutzufuhr in Renmai und Chongmai durch mangelnde Blutbildung oder Erschöpfung der beiden Gefäße

Anm.: Dieser Typ kann wie die Blutleere den anämischen Typ beschreiben oder den Zustand des nicht proliferierten Endometriums durch mangelnde Sensibilität auf die Stimuli durch Östrogen/Progesteron

Therapieziel: Stärken von Chongmai und Renmai, Stärken von Qi und Blut und Regulieren der Menstruation

Akupunktur: Mi 4, Mi 10, Ma 36, Ren 6, Ma 29/Ex 9 (Ex-CA 1), Di 10, Ni 3

Erläuterung: Mi 4 ist der Öffnungspunkt des Chongmai, Ma 36 und Di 10 unterstützen einander in der Stärkung von Qi, sie werden unterstüthzt durch Ren 6. Mi 10 stärkt Blut.

Ohrakupunktur: 58, 23, 95

Kräuter: Morindae Radix, Chuanxiong Radix, Paeoniae albae Radix, Angelicae sinensis Radix, Rehmanniae glutinosae Radix praeparata, Poria cocos, Astragali Radix

Fazit: Es gibt neun verschiedene Disharmoniemuster für ein Menstruationsverhalten, das zu Sterilität führen kann. Die Therapie muss in jedem Fall typengerecht erfolgen und über einen längeren Zeitraum, d.h. mindestens über drei Zyklen, meist jedoch etwas länger. Daneben sind natürlich psychische Faktoren (Partnerschaftsprobleme, übersteigerter Kinderwunsch etc.) auszuloten und durch eine Gesprächstherapie anzugehen. Auch eine Ernährungsberatung sollte nicht fehlen, eine ausgewogene, auf Erwärmung des Organismus ausgerichtete, Ernährung zum Stärken von Milz und Niere ist ein wichtiger Faktor für eine angestrebte Schwangerschaft aufgrund der Wichtigkeit dieser beiden Organe für das „Blut" der Frau.

Für die Akupunktur sind die Punkte Ma 36, Ma 29 und Mi 6 von besonderer Bedeutung, da Ma 36 und Mi 6 regulierende Wirkung auf das Neuroendokrinum besitzen sowie auf Blut. Ma 29 ist der Kardinalpunkt für weibliche Sterilität neben Ex 9 (1 *cun* lateral von Ma 29).

Für die Kräutertherapie sind Ingredienzien wie die Paeoniae albae Radix, Bupleuri Radix, Cyperi rotundus Rhizoma, Angelicae sinensis Radix sowie die Rehmanniae glutinosae Radix praeparata und Morindae Radix besonders wichtig, da sie den größten Einfluss auf die Regulation der Menstruation besitzen. Das einfachste frauenheilkundliche Standardrezept ist dementsprechend die *Siwu tang* (Vier-Ingredienzien-Dekokt), bestehend aus Paeoniae albae Radix, Chuanxiong Radix, Rehmanniae glutinosae Radix praeparata und Angelicae sinensis Radix. Durch die Therapie können die idealen Voraussetzungen für die Einnistung eines befruchteten Eis geschaffen und die Aufnahmebereitschaft gesteigert werden, wie die Praxis schon in vielen Fällen bewiesen hat.

Literatur

Riegel, Andrea-Mercedes (1999). Das Streben nach dem Sohn. Fruchtbarkeit und Empfängnis in de n medizinischen Texten Chinas von der Hanzeit bis zur Mingzeit. München: Utz

Unschuld, Paul-Ulrich (1986). Nan-Ching. The Classic of Difficult Issues. Taibei: Southern Materials Center, INC

Yang Weijie (1990). *Huangdi neijing Suwen shijie* (Modern übersetzte und erläuterte Ausgabe des Klassikers der inneren Medizin des Gelben Kaisers). Taibei: Wenhua shuye gongsi

Zhang Jiebin (2000; orig. 1624). *Leijing* (der Klassiker zur Inneren Medizin des Gelben Kaisers nach Kategorien geordnet). Taibei: Wenguang tushu youxian gongsi

Zou Hua, Riegel, A. (2000). Akupunktur bei Blutungsstörungen und Zyklusanomalien. Heidelberg: Haug

Innere Medizin

Chronische Gastritis in der TCM

Die chronische Gastritis ist aus schulmedizinischer Sicht ein Sammelbegriff für eine unspezifische Symptomatik im Bereich des Oberbauches. Sie geht einher mit diffusen Oberbauchbeschwerden, Völlegefühl, Magendruck, bei Hyperazidität auch mit saurem Aufstoßen und Reflux. Meist ergibt sie sich aus einer akuten Gastritis, die nicht oder unvollständig ausgeheilt wurde. Die akute Gastritis ihrerseits kann verschiedene Ursachen haben. Zu diesen gehören z.B. bakterielle Infektionen (Salmonellen, Helicobakter etc.), Alkohol- oder Nikotinabusus, Fehlernährung, Medikamente. Sie kann auch mit anderen Organerkrankungen wie Herzinsuffizienz oder Lebernekrose assoziiert sein, bei denen sie sich als Ausscheidungsgastritis manifestiert. Bei der chronischen Gastritis spielen daneben auch Autoimmunprozesse eine ätiopathogenetische Rolle.

In der modernen Medizin Chinas trägt die chronische Gastritis den schulmedizinischen Namen „*manxing weiyan*". Traditionell gehört sie in den Rahmen der Magenschmerz-Syndrome (*weiwan tong*).

Charakteristik

Aufgrund ihrer Chronizität gehört die chronische Gastritis innerhalb der traditionellen chinesischen Medizin zunächst zu den chronischen Krankheiten (*manxing bing*), damit grundsätzlich zu den Leere-Syndromen (*xuzheng*). Daneben gehört sie zu den Schmerzsyndromen (*tongzheng*), da sie sich vornehmlich in Schmerzen manifestiert. Ihre Einordnung in den Rahmen der Magenschmerz-Syndrome verdankt sie den Schmerzen, die sich vornehmlich in der Magengegend (*weiwan*) konzentrieren oder von dort ausstrahlen.

Eine Analyse der Haupt- und Begleitsymptome der chronischen Gastritis gibt bereits einen Aufschluss über die am pathologischen Geschehen beteiligten Organe, über Störungen in den Organbeziehungen, und sie lässt bereits einige Rückschlüsse auf eventuelle ätiopathogenetische Mechanismen zu.

Es können folgende Muster auftreten:

Schmerzmanifestation und Begleitsymptome	*Interpretation*
Völle- und Spannungsgefühl im Brustbereich	Qi-Stagntation im oberen Erwärmer
Diffuser Druckschmerz in Hypchondrium, Hypogastrium, Abdomen	Qi-Stagnation in oberem, mittlerem und unterem Erwärmer
Druckschmerz in der Magengegend, sich in die Flanken ausbreitend	Stagnierendes Leber-Qi, das quer verläuft
Aufstoßen	Gegenläufiges Qi, gegenläufiges Magen-Qi
Saures Aufstoßen, saurer Reflux	Hitze im Magen mit gegenläufigem Qi, Hitze in Leber und Galle
Dumpfer Schmerz in der Magengegend, sich in die Flanken ausbreitend	Querverlaufen stagnierenden Leber-Qis
Druckschmerz im Magenbereich, ortsfest, permanent und unabhängig von Nahrungsaufnahme	Blutstase im mittleren Erwärmer

Das Beschwerdenbild der chronischen Gastritis ist, wie dieses Schema deutlich zeigt, eng assoziiert mit Turbulenzen im Qi-Mechanismus, d.h. mit Stagnationen und Gegenläufigkeit des Qi, dies vornehmlich im Bereich des Magens und des gesamten mittleren und oberen Erwärmers. Daneben spielt eine Hitzeentwicklung im Bereich des mittleren Erwärmers eine Rolle. Die vorherrschenden Störungen des Qi-Mechanismus und die Hitzeentwicklung im mittleren Erwärmer lassen auf die Beteiligung der Funktionskreise Leber/Galle und Milz/Magen an dem pathologischen Geschehen schließen; denn der Regent des Qi-Mechanismus im Organismus ist die Leber, das Leber-Qi strebt nach Ausbreitung. Wird das Leber-Qi an seiner Ausdehnung gehindert, kommt es zum Querverlauf. Dies bedeutet zum einen Schmerz in den Flanken und Völle. Weiter kann es zum Übergriff auf die mit der Wandlungsphase Holz assoziierten Kontrollorgane der Wandlungsphasen Erde und Metall kommen, d.h. auf Milz/Magen und auf Lunge/Dickdarm. Die saure Refluxbewegung kann damit durchaus die Folge eines Übergriffes oder besser einer Weiterleitung der Leber-Hitze auf den Magen sein. Ein Übergriff auch auf den Milz-Funktionskreis würde als Begleitsymptomatik Blähungen und/oder Durchfall erwarten lassen. Die chronische Gastritis, die sich aus einem Übergriff von Leber-Hitze auf Milz-Magen ergibt, ist eine Manifestation des in der klinischen Praxis häufig auftretenden Phänomens des Übergriffs von Holz auf Erde (*mu ke tu*). Eine Weiterleitung der Leber-Hitze auch in den Funktionskreis Lunge-Dickdarm wird als Begleitsymptomatik vor allem Obstipation mit trockenem Stuhl erwarten lassen.

Interpretiert man die in der Schulmedizin angenommen pathogenetischen Faktoren im Sinne der chinesischen Medizin, lässt sich folgendes sagen: Die pathogenetisch wichtigen Faktoren bei der chronischen Gastritis gehören vorerst zu den exogenen oder den Faktoren, die weder exogen noch endogen sind. Viren und Bakterien zählen in der chinesischen Medizin zu den exogenen Faktoren, die für die Entwicklung „feuchter Hitze“ verantwortlich sind. Bei der chronischen Gastritis, die auf virale oder bakterielle Infektion zurückgeht, wäre das pathogenetische Muster demnach ein Angriff exogener Faktoren auf Milz/Magen. Zu den Faktoren, die weder exogen noch endogen („heterogen“) sind, zählen vor allem Fehlernährung und Alkohol- bzw. Nikotinabusus. Alkohol wird in den klassischen Texten der chinesischen Medizin als pathogener Faktor charakterisiert, der durch seine extreme Hitze die „Organe verbrennt“. Ähnliches gilt für Nikotin; denn Nikotin ist als „austrocknendes" Gift im Sinne der chinesischen Medizin ein pathogener Hitze-Faktor. In der Ernährung spielt vor allem der übermäßige Genuss sog. „heißer" Nahrungs- und Würzmittel eine pathogenetische Rolle. Zu nennen sind hier z.B. Pfeffer, Cayenne-Pfeffer, Peperoni, Chips, Lamm oder Hammel. Die Erfahrung der Ärzte früherer Epochen ließ sie hier mahnend den Finger heben; denn ihr Klientel vor allem aus den oberen Gesellschaftsschichten klagte nach dem Genuss heißer Nahrungsmittel generell über permanente Schmerzen in der Magengegend. Neben „heißen" Nahrungsmitteln können auch thermisch „kalte" verantwortlich sein für die Entwicklung einer „Kälte-Gastritis".

Bei dem oben beschriebenen Übergriff von Holz auf Erde spielen meist psychische, d.h. endogene Faktoren eine pathogenetische Rolle. Leber-Feuer kann vor allem als Folge von Stress entstehen, stagnierendes Leber-Qi ist typischer Ausdruck gestauter unterdrückter Emotionen wie Ärger, Wut oder Zorn. Die chinesische Medizin macht diesen Zusammenhang emotionaler Dysbalancen mit der chronischen Gastritis sehr deutlich.

Als pathogenetische Hauptmechanismen der chronischen Gastritis lassen sich somit feststellen:

- Angriff exogener Faktoren auf Milz/Magen
- Angriff pathogener Hitze auf Milz/Magen durch Fehlernährung
- Angriff von Leber-Feuer auf Milz/Magen
- Angriff querverlaufenden stagnierenden Leber-Qis auf Milz/Magen

Es lassen sich bei der chronischen Gastritis insgesamt fünf verschiedene „Typen" differenzieren, wobei Typ III und IV quasi zusammenfallen, da sie sich in Hauptsymptomatik und Therapie nur sehr geringfügig unterscheiden.

I Milz-Qi Schwäche mit Magen-Hitze

II Schleim-Hitze blockiert im Inneren

III Leber-Feuer attackiert Milz und Magen

IV Milz-Qi Schwäche mit Magen-Hitze durch Leber-Qi-Stagnation

V Milz- und Magen-Qi-Leere

I Schleim-Hitze blockiert im Inneren

Hauptsymptome: Völlegefühl, Druckschmerz in der Magengegend, innere Unruhe, Erbrechen, wässriger Stuhl, evtl. Benommenheit, Kältephobie, Mundtrockenheit

Zunge/Puls: klebriger Zungenbelag, Puls saitenförmig und schnell

Klinische Bedeutung: infektiös entzündlich, Ulcus ventriculi

Therapieziel: Kühlen von Hitze, Wandeln von Schleim, Absenken des Qi im mittleren Erwärmer, Beruhigen des Magens

Akupunktur: Bl 21, Ren 12, Ma 36, Ma 40, Di 4, Pe 6, Ma 36

Ohrakupunktur: 87, 22, 55, 51 29

Erläuterung: Bl 21 und Ren 12 bilden eine Kombination aus Zustimmungs- und Alarmpunkt des Magens. Ma 40 wandelt Schleim, Ma 36 dient dem Abtransport. Di 4 eliminiert pathogene Faktoren und klärt Hitze, Pe 6 dient der Beruhigung des Qi im oberen Erwärmer und wirkt Übelkeit entgegen.

Kräuter: Coptidis Rhizoma, Pulsatillae Radix, Bupleuri Radix, Phellodendri Cortex, Citri reticulatae Pericarpium, Atractylodis macrocephalae Rhizoma, Poria cocos, Anemmarhenae Rhizoma, Pinelliae Rhizoma, Zingiberis Rhizoma viride, Magnoliae Cortex

II Milz-Qi-Schwäche mit Magen-Hitze

Hauptsymptome: Brennen im Bereich des Magens, Druck verschlimmert, Durst mit Verlangen nach kalten Getränken, trockener Stuhl, evtl. Obstipation, Blähungen, evtl. Kopfschmerz, pulsierend oder Frontalschmerz.

Zunge /Puls Zunge blass-rot, gelber Belag, *Puls* fein-schnell oder schlüpfrig-schnell

Klinische Bedeutung: Fehlernährung durch heiße Nahrungsmittel, Nikotion, Alkohol; Ulcus ventriculi

Therapieziel: Stärken des Milz-Yin, Befreien des Qi-Mechanismus, Klären von Magen-Hitze, Stärken des Magen-Yin

Akupunktur: Bl 21, Ren 12, Ma 36, Mi 6, Mi 3, Ma 44

Ohrakupunktur: 87, 55, 51, 29

Erläuterung: Zu Bl 21/Ren 12 s.o. Ma 36 und Mi 6 dienen der Stärkung der Milz und der Aktivierung des Qiflusses. Ma 3 als Quellpunkt der Milzleitbahn ergänzt beide Punkte in dieser Aufgabe. Ma 44 leitet Hitze aus dem Magen.

Kräuter: Astragali Radix, Poria cocos, Atractylodis macrocephalae Rhizoma, Bupleuri Radix, Citri reticulatae Pericapium, Zingiberis Rhizoma viride, Menthae Herba, Pinelliae Rhizoma, Paenoae albae Radix, Angelicae sinensis Radix, Glycyrrhizae Radix

III Leber-Feuer attackiert Milz und Magen

Hauptsymptome: latent brennender Magenschmerz, der keinen Druck verträgt, Völlegefühl, Spannungsgefühl in den Flanken, Blähungen, die nach oben Richtung Herz drücken (*xinwei tong*), saures Aufstoßen, evtl. saurer Reflux, Bluthochdruck, Kopfschmerz migräneartig oder Scheitelkopfschmerz, Reizbarkeit, Nervosität

Zunge/Puls: Zunge zyanotisch, Ränder glatt, gelber Belag, *Puls* schlüpfrig-saitenförmig, evtl. leicht verlangsamt

Klinische Bedeutung: Stress, Sympathikotonus

Therapieziel: Besänftigen der Leber, Stärken von Milz und Magen, Absenken des Qi im mittleren Erwärmer, Beruhigen des Geistes

Akupunktur: Bl 21, Ren 12, Le 2, Ma 44, Mi 6, Ma 36

Ohrakupunktur: 87, 55, 34, 29, 98

Erläuterung: L2 leitet Hitze aus dem Leberfunktionskreis. Zu den übrigen Punkten s. II.

Kräuter: Paeoniae albae Radix, Poria cocos, Atractylodis macrocephalae Rhizoma, Citri reticulatae Pericarpium, Citri aurantii Fructus immaturus, Moutan Cortex radicis, Chuanxiong Radix, Angelicae sinensis Radix, Taraxaci

Herba cum radice, Gardeniae Fructus, Glycyrrhizae Radix, Menthae Herba, Zingiberis Rhizoma viride

IV Milz-Qi Schwäche mit Magen-Hitze durch Leber-Qi-Stagnation

Hauptsymptome: stechender oder latenter Magenschmerz, der keinen Druck beträgt, Völle, Spannungsgefühl in Hypochondrium und Flanken, Stechen in den Flanken, Blähungen nach oben drückend, saures Aufstoßen, saurer Reflux, Kopfschmerz migräneartig oder als Gefühl des „Eingeschnürtseins", depressive Verstimmungen, Mattigkeit

Zunge/Puls wie III.

Klinische Bedeutung: larvierte Depression, Leberstoffwechselstörung

Therapieziel: Befreien des Leber-Qi, Aktivieren des Qi-Mechanismus, Stärken von Milz-Qi und Ableiten von Hitze aus dem Magen

Akupunktur: Bl 18, Bl 21, Ren 12, Pe 6, Le 3, Ma 44

Ohrakupunktur: 87, 55, 34, 29, 98

Erläuterung: Le 3 befreit Leber-Qi. Zu den übrigen Punkten s. II.

Kräuter: Bupleuri Radix, Paeoniae albae Radix, Poria cocos, Atractylodis macrocephalae Rhizoma, Citri reticulatae Pericarpium, Citri aurantii Fructus immaturus, Moutan Cortex radicis, Chuanxiong Radix, Zingiberis Rhizoma viride, Menthae Herba, Angelicae sinensis Radix, Taraxaci Herba cum Radice, Gardeniae Fructus, Glycyrrhizae Radix

V Milz- und Magen-Qi Leere

Hauptsymptome: Übelkeit, Erbrechen, schlechte Verdauung, Druck in der Magengegend, dünner Stuhl

Zunge/Puls: weißliche Zunge mitweiß-schlüpfrigem Belag, Puls schwach

Klinische Bedeutung: Fehlernährung mit „kalten" Lebensmitteln, Ulcus ventriculi

Therapieziel: Stärken und Wärmen von Milz und Magen, Regulieren des Qi-Mechanismus in der Mitte

Akupunktur: Bl 12, Ren 12, Ma 36 (+ Moxa), Ma 40 (+ Moxa), Pe 6, Mi 4

Ohrakupunktur: 87, 55, 34, 29a

Erläuterung: Ma 40 ist hier zuführend zu stimulieren. Als *luo*-Punkt der Magen-eitbahn stärkt er die Milz. Er ist der Punkt, an dem sich das Magen-Qi sammelt, daher auch sein Name „fenglong", „üppige Fülle". Pe 6 und Mi 4 als Kombination wirken Übelkeit entgegen. Mi 4 ist zudem der *luo*-Punkt der Milzleitbahn zur Magenleitbahn und er ist der Punkt der Milzleitbahn mit der größten „Erdqualität".

Kräuter: Astragali Radix, Poria cocos, Dioscoreae Rhizoma, Atractylodis macrocephalae Rhizoma, Citri reticulatae Pericarpium, Cinnamomi cassiae Ramulus, Crataegi Fructus, Angelicae sinensis Radix, Zingiberis Rhizoma viride, Evodiae Fructus, Glycyrrhizae Radix, Zingiberis Rhizoma

Daneben sind natürlich auch Mischtypen denkbar.

Fall

Patient, 49 Jahre, Ingenieur in leitender Position

Hauptsymptome: latenter Magenschmerz, Sodbrennen, saurer Reflux seit 2 Jahren

Begleitsymptome: Bluthochdruck, Tachykardie, tend. trockener Stuhl

Zunge rot, tend. zyanotisch, geringer gelber Belag,

Puls oberflächlich saitenförmig, hart, vor allem an den Positionen Milz(rechts guan) und Leber (links guan)

Medikation: wöchentlich 1 mal Antacidum

Anm.: In der Anamnese tritt ein direkter Zusammenhang zwischen Stress und Magenproblemen zutage

Diagnose: *weiwan tong* (chronische Gastritis) durch Angriff von Leber-Feuer auf Milz/Magen (*me ke tu*) mit loderndem Herz-Feuer

Therapieziel:

1. Absenken von Leber-Feuer, Beruhigen der Leber, Ableiten von Magen-Hitze und gegenläufigem Magen-Qi
2. Löschen von loderndem Herz-Feuer (Senken des Blutdrucks)

Akupunktur: für die Akupunktur wurden zwei Rezepte erstellt, die alternierend genadelt werden, jedes Rezeptur einmal wöchentlich. Die Rezeptur I verfolgt speziell Therapieziel 1, Rezeptur II verfolgt speziell Therapieziel 2.

Rezeptur I

Du 20, Gb 20, Bl 18, Bl 21, Ren 12, Ma 36, Ma 44, Le 2

Rezeptur II

Du 20, Du 14, Bl 15, Bl 18, Ren12, Di 11, Pe 6, Le 2

Kommentar: Die Auswahl der Punkte passt in ein therapeutisches Gesamtkonzept, der Wechsel zwischen Rezept I und Rezept II beinhaltet also keinen „Bruch" hinsichtlich der Verfolgung des therapeutischen Ziels.

Rezept I: Du 20 dient dem Absenken von Yang und vor allem von Leber-Yang, Gb 20 leitet Hitze in Leber und Galle aus, er hat sedierende Wirkung auf Leber-Wind. Bl 18 und Bl 21 sind die Zustimmungspunkte der Organe Leber bzw. Magen. Beide werden ableitend stimuliert. Ren 12 ist der Alarmpunkt des Magens, er dient der Regulation im Magen-Funktionskreis, er leitet Gegenläufigkeit ab und stillt Magenschmerz. Ma 36 ist der Versammlungspunkt der Magenleitbahn. Ableitend stimuliert bewirkt er eine Anregung der Qi-Zirkulation und dient der Befreiung des Qi-Mechanismus. Sekundär kann eine ableitende Stimulation dieses Punktes auch zur Senkung des erhöhten Blutdrucks dienen. Ma 44 leitet Magen-Hitze ab und kanalisiert Magen-Qi. Le 2 ist der Sedierungspunkt der Leber-Leitbahn und ist damit der Kardinalpunkt zum Ableiten von Leber-Hitze.

Rezept II: Du 20 und Du 14 dienen dem Absenken von Yang, vor allem von Leber-Yang. Bl 15 und Bl 18 sind die Zustimmungspunkte für Herz und Leber, beide werden ableitend stimuliert. Di 11 hat ableitende Wirkung auf Hitze im oberen Bereich des Körpers, er ist ein ausgewiesener Punkt für Bluthochdruck. Er wird ebenfalls ableitend stimuliert. Pe 6 stärkt Yin, er ist vor allem bei Bluthochdruck, Kopfschmerz und Nervosität durch Disharmonie im Leber-Funktionskreis angezeigt. Daneben wirkt er entspannend auf den Thoraxbereich. Zu Le 2 und Ren 12 s.o.

Verlauf

Nach 5 Sitzungen:

Die erste Reaktion setzte ein, der Blutdruck stabilisierte sich auf 135/85, Puls 80.

Nach 9 Sitzungen

Der Magen begann zu reagieren insofern das Antacidum erst nach 10 Tagen eingenommen werden musste.

Nach 12 Sitzungen

Einnahme eines Antacidums war nicht mehr nötig, der Blutdruck lag bei 135/80.

Herzerkrankungen aus der Sicht der TCM

Herzerkrankungen, v.a. Bluthochdruck, Herzinfarkt und koronare Herzerkrankungen sind eine häufige Erscheinung in der modernen Zivilisation. Ihre Behandlung erfordert die permanente Versorgung des Patienten mit blutdrucksenkenden und blutverdünnenden Medikamenten, mitunter sind Bypass-Operationen oder Stents unumgänglich. Wir wollen der Frage nachgehen, was die TCM zum Problem Bluthochdruck oder koronare Herzerkrankung zu sagen hat, welche Möglichkeiten sich hier in Prävention und Therapie bieten.

Allgemeine Symptome und Pathomechanismen

Bekannt sind die klinischen Manifestationen und Symptome von Bluthochdruck und koronarer Herzerkrankung in China seit antiker Zeit. Der Herzinfarkt sowie

Angina pectoris findet im *Huangdi neijing* als „*xinbi*" 心痹 (Herz-Verschluss) oder „*xiongbi*" 胸痹(Thoraxverschluss) Erwähnung, die Manifestationen des Bluthochdrucks wie rotes Gesicht, Nervosität, innere Unruhe, Schwindel, Schlaflosigkeit findet man subsumiert unter der Yin-Leere, v.a. Herz- und Nieren-Yin-Leere, oder hochschlagendem Leber-Yang, insbesondere dann, wenn sich pulsierende Kopfschmerzen dazu gesellen.

Bluthochdruck ist zunächst ein „Hitze-Symptom", koronare Herzerkrankung, Arteriosklerose, gehört zu „Schleim" oder „Schleim-Hitze", die das Herz bedrängt.

Die Entstehungsmechanismen der Herzerkrankung generell lassen sich z.T. recht einfach aus dem Zyklus der Fünf Wandlungsphasen heraus erklären: Die Hitze etwa des hochschlagenden Leber-Yang (Wandlungsphase Holz) bewirkt zum einen ein Absenken von Leber-Yin, gleichzeitig wird sie weitertransportiert in das Tochterorgan Herz (Wandlungsphase Feuer). Diese Situation entsteht vornehmlich durch Stress, wobei depressive oder cholerische Personen besonders gefährdet sind.

Eine andere Möglichkeit ist mangelnde Kontrolle von Herz-Feuer durch Nieren-Wasser. Da das Verhältnis Herz-Niere in der TCM ein ganz besonderes ist, soll hier etwas genauer darauf eingegangen werden.

Das Verhältnis Herz – Niere

Im *Huangdi neijing* werden die Beziehungen der Organe über den Kontrollzyklus der Fünf Wandlungsphasen besprochen. Hinsichtlich der Beziehung Herz-Niere findet man dort wie in anderen Klassikern weitere Aussagen wie: „Wasser und Feuer unterstützen einander *(shui huo xiang ji* 水火相济), „Herz und Niere kommunizieren miteinander (*xin shen xiang jiao* 心肾相交) oder, wie *Suwen* (81) besagt, „Wasser und Feuer berühren einander" (*shui huo xiang gan* 水火相感). Diese Aussagen beschreiben das Verhältnis der gegenseitigen Unterstützung. Es muss für die Gesundheit des Herzens ein physiologisches Verhältnis zwischen Herz und Niere bestehen. Dies scheint sich auch auf den emotionalen Bereich zu erstrecken, wie dem Zeichen *gan* zu entnehmen ist; denn das sinngebende Element ist das Herz *xin* 心, die Ausrichtung des Herzens ist wieder der Wille *zhi* 志, der in der Niere gespeichert wird.

Auf organischer Ebene leitet sich das Verhältnis der gegenseitigen Unterstützung aus der Wärmeenergieübertragung und der Zuständigkeit beider Organe für das Blut ab: Die Niere braucht die Wärme des Herzens, um selbst genügend Energie für ihre Verdampfungsfunktion *Qihua* und die Erwärmung der übrigen Organe zu haben sowie für ihre Kontrollfunktion gegenüber dem Herzen. Das Herz-Blut ist wieder abhängig von dem durch die Niere als Hauptorgan für die Bildung von Blut. Das Blut muss wieder durch die Energie des Herzens in Zirkulation gebracht und gehalten werden.

Bei genauerer Betrachtung erfüllen Herz und Niere in ihrem physiologischen Verhältnis das ideale Yin-Yang-Verhältnis:

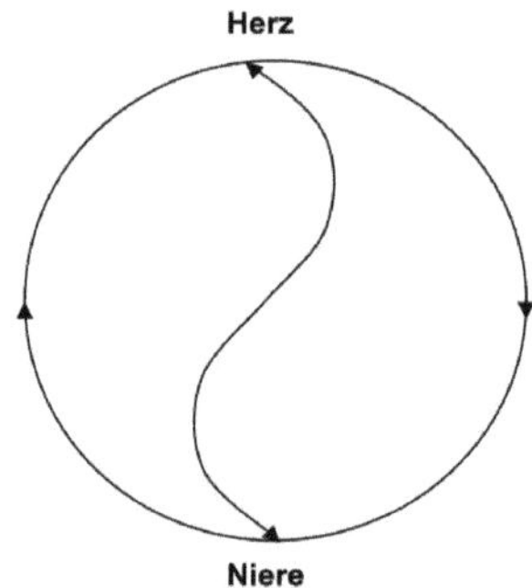

Abbildung 2Die ideale Herz-Nierenbeziehung

Mit etwa Phantasie könnte man – schulmedizinisch betrachtet – den Kreis als Blutzirkulation interpretieren, die Kurvenlinie zwischen Niere und Herz als rückresorbierte Elektrolyte, mit der alle Organe versorgt werden, und Erythropoetin oder als sympathischen Grenzstrang.

Pathologie

Das Herz ist von der permanenten Kontrolle durch das Nieren-Wasser abhängig. Allein ist das Herz schwach und anfällig für Überhitzung, vor allem – wie von der chinesischen Moralphilosophie postuliert – durch zu starkes Begehren (*yu* 欲), materiell wie sexuell. Das „Feuer" des Herzens ist stets in der Gefahr, das eigene Herz-Blut zu verbrennen, den Speicher des Geistes *shen* 神 auszutrocknen, mit der Konsequenz, dass dieser entweicht und außer Kontrolle gerät. Selbstkontrolle und Abkühlung durch Nieren-Wasser gelten in der klassischen chinesischen Medizin daher als Voraussetzung für die Gesundheit des Herzens.

Pathologische Beziehungen zwischen Herz und Niere sind zumeist solche, bei denen es zur Unterbrechung der Verbindung zwischen beiden Organen kommt mit Symptomen der „Herz-Hitze".

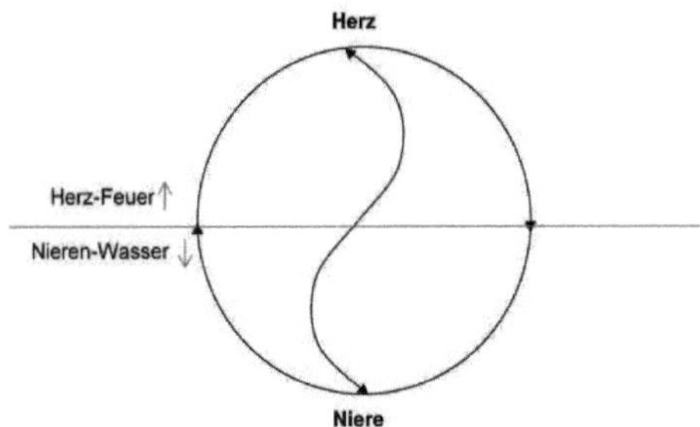

Abbildung 3Die Unterbrechung der Herz-Nierenbeziehung

Ursache ist wie bereits erwähnt loderndes Herz-Feuer oder schwaches Nieren-Wasser. Das lodernde Herz-Feuer bewirkt auf der psychischen Seite Symptome des angesprochen, aus der Kontrolle geratenen, *shen*-Aspektes wie Neurosen, Manie, Hysterie, daneben, auf neurologischer und somatischer Ebene, Schlaflosigkeit, Palpitationen, innere Unruhe, rotes Gesicht, harter Puls. Solche Symptome sind aus Sicht der TCM mit Yin-Leere assoziiert, aus Sicht der Schulmedizin mit einem Sympathikotonus (s.o.) .

Therapie

Wie sieht die Therapie des Bluthochdrucks in der TCM aus? Oberste Priorität gilt in der TCM zunächst stets der Prävention. Präventiv empfiehlt der TCM-Therapeut die Pflege <u>beider</u> Organe, Herz und Niere. Die Pflege des Herzens erfolgt über „Ruhighalten" des Herzens, d.h. das aus der chinesischen Moralphilosophie übernommene „karge Verlangen" (*guayu* 寡欲), und das bedeutet die Abstinenz von zu viel sexuellem Verlangen, Ehrgeiz und dem Nachjagen hinter hochgesteckten Zielen. Dies schließt die Reduktion von Stress, der die Leber berührt, mit ein. Daneben steht der Verzicht auf „heiße“ Lebens- und Genussmittel, die das Herz-Feuer weiter anfachen wie Nikotin, Alkohol, Kaffee und scharfe Gewürze. Gleichzeitig erfolgt die Pflege der Niere über relative sexuelle Enthaltsamkeit, Ernährung mit wärmenden Lebensmitteln und dern Verzicht auf Lebens- und Genussmittel, welche die Niere ausbrennen (s.o.). Weiter gilt der Schutz der Niere gegen Wind, Kälte und Feuchtigkeit als wichtig. Entsprechendes gilt bei bereits bestehendem Bluthochdruck: Lebensführung und Ernährung bilden eine wichtige Basis für den therapeutischen Erfolg. Daneben erfolgt Kräuter- und Akupunkturtherapie entsprechend dem Typus des Bluthochdrucks. Für Bluthochdruck und koronare Herzerkrankung sind folgende Haupttypen denkbar:

Nieren- und Herz-Yin-Leere mit Herz-Hitze

(Sympathikotonus)

Hauptsymptome: Bluthochdruck, Palpitationen, innere Unruhe, Schlaflosigkeit, Nachtschweiß

Zunge: rot, tendenziell trocken; *Puls*:schnell

Therapieziel: Nähren von Herz.- und Nieren-Yin, Klären von Herz-Hitze, Senken des Blutdrucks

Akupunktur : Ma 36 (-), Mi 6 (+), Ni 6 (+), He 6, Ren 14(-)

Anm.: Ma 36, ableitend stimuliert, hat Blutdruck senkende Wirkung. Mi 6 stärkt Yin ebenso wie Ni 6 und He 6. He 6 wirkt insbesondere der inneren Unruhe und der Transpiration entgegen. Ren 14 ist der Alarmpunkt des Herzens. Ni 6 und He 6 wirken beruhigend und fördern den nächtlichen Schlaf.

Empfohlene Kräuter: Rehmanniae glutinosae Radix praeparata, Ziziphi spinosae Semen, Moutan Cortex radicis, Corni Fructus, Schizandrae Fructus, Poria cocos, Angelicae sinensis Radix, Achyranthis bidentatae Radix, Dioscoreae Rhizoma, Alismatis Rhizoma, Scrophulariae Radix, Asparagi Radix

Nieren-Yang-Leere mit Herz-Hitze

(Nierenschwäche)

Hauptsymptome: Bluthochdruck, Müdigkeit, Lethargie, Ödeme, nächtlicher Harndrang

Zunge: dicklich, ödematös, rote Zungenspitze, weißlicher Belag; *Puls*: tief, klein an der Fuß-Stelle, sonst tendenziell langsam

Therapieziel: Wärmen von Nieren-Yang, Kühlen der Herz-Hitze, Senken des Blutdrucks

Akupunktur: Ma 36 (-), Ni 3 (+), Ren 4 (+), He 7, Ren 14 (-), Bl 23 (+), Bl 15 (-), Mi 9 (+-)

Erläuterung: Ni 3 und Ren 4 wirken zusammen und stärken Nieren-Yang. Zusätzlich unterstützt Bl 23 als Zustimmungspunkt der Niere die organische Funktion der Niere. Die Kombination der Alarm- und Zustimmungspunkte des Herzens senken gleichzeitig die Herz-Hitze. Mi 9, neutral stimuliert, sorgt für den Abtransport der Ödeme in den unteren Extremitäten, er regt die Verstoffwechslung des gestauten Wassers über die Milz an.

Empfohlene Kräuter: Rehmanniae glutinosae Radix praeparata, Cinnamomi Cortex, Aconiti Radix, Ziziphi spinosae Semen, Corni Fructus, Schizandrae Fructus, Poria cocos, Angelicae sinensis Radix, Achyranthis bidentatae Radix, Alismatis Rhizoma

Aufsteigende Leber-Hitze oder Leber-Wind zum Herzen

(Sympathikotonus, Stress)

Hauptsymptome: Bluthochdruck, innere Unruhe, Reizbarkeit oder depressive Verstimmung, rotes Gesicht, pulsierende Kopfschmerzen, gerötete Augen, Zittern

Zunge: dicklich, livide-zyanotisch, glatte Ränder, gelblicher Belag, evtl. Stau der Unterzungenvenen; *Puls*: saitenförmig

Therapieziel: Beruhigen der Leber, Kühlen von Leber- und Herz-Hitze, Senken des Blutdrucks

Akupunktur: Gb 20 (-), Gb 34 (-), Le 3/Le 2 (-), Pe 6, He 7, Ni 2 (+), Ren 14 (-)

Anm. : Gb 20, Gb 34 senken Leber-Yang und Leber-Hitze ab, Le 3 befreit den Qi-Mechanismus, während Le 2 noch mehr auf die Hitze im Leberfunktionskreis einwirkt. Pe 6 wirkt stärkend auf Yin und beruhigend auf Herz und Psyche. Ni 2 senkt wie Ni 1 Leber-Yang nach unten ab.

Kräuter: Paeoniae albae Radix, Bupleuri Radix (nicht bei hochschlagendem Leber-Yang), Rehmanniae glutinosae Radix praeparata, Moutan Cortex radicis, Ziziphi spinosae Semen, Corni Fructus, Lycii Fructus, Poria cocos, Angelicae sinensis Radix, Achyranthis bidentatae Radix, Scutellariae Radix, Alismatis Rhizoma, Menthae Herba, Mori Folium, Chrysanthemi Flos, Gardeniae Fructus, Prunellae Spica

Schleim-Hitze bedrängt das Herz

(koronare Herzerkrankung, Arteriosklerose)

Hauptsymptome: Innere Unruhe, Brustbeklemmungen, Palpitationen, Nervosität

Zunge: rot, gelber Belag, evtl. Riss in der Mitte, Stau der Unterzungenvenen

Puls: saitenförmig, straff

Therapieziel: Wandeln von Schleim, Kühlen von Herz-Hitze, Aktivieren der Qi- und Blutzirkulation

Akupunktur: Ma 36 (-), Mi 6 (-), Ren 14 (-) Ma 41 (-), Ren 12, Ma 40 (-), Pe 6, Ren 17

Anm.: Ma 36 und Mi 6, beide ableitend stimuliert, regen die Blutzirkulation an, Ren 12 und Ma 40, ableitend stimuliert, wandeln Schleim, ebenso wie Ma 41, der insbesondere auf den Kopfbereich wirkt. Ren 17 als Meisterpunkt des Qi regt die Qi-Zirkulation im oberen Bereich an und wirkt zusammen mit Pe 6, der einerseits Yin stärkt, andererseits auch die Qi-Zirkulation im oberen Bereich reguliert.

Empfohlene Kräuter: Rehmanniae glutinosae Radix praeparata, Moutan Cortex radicis, Ziziphi spinosae Semen, Corni Fructus, Schizandrae Fructus, Poria cocos, Atractylodis macrocephalae Rhizoma, Angelicae sinensis Radix, Achyranthis bidentatae Radix, Alismatis Rhizoma, Leonuri Herba, Salviae miltiorrhizae Radix, Gardeniae Fructus, Scutellariae Radix, Scrophulariae Radix

Fazit

Die Therapie sollte über einen längeren Zeitraum durchgeführt werden. Wichtig ist, dass der Lebensstil der Therapie über Akupunktur und Kräuter nicht entgegensteht. In China vertraut die Medizin sehr auf die naturheilkundliche Behandlung von Bluthochdruck und koronarer Herzerkrankung. Auch nach Bypass-Operationen werden die Patienten sofort und mit Erfolg der TCM-Therapie zugeführt.

Diabetesbehandlung in der TCM

Bis zum Einzug der Schulmedizin in China war das Pankreas in der chinesischen Medizin nicht bekannt, daher auch nicht das Phänomen des relativen oder absoluten Insulinmangels. Die Symptome des nicht kompensierten Diabetes wurden zusammengefasst unter dem Namen „Erschöpfung-Durst-Krankheit“ (*xiaoke bing* 消渴病). Diese wiederum wurde in drei Grundtypen unterteilt entsprechend der jeweiligen Hauptsymptomatik. Allen drei Grundtypen gemein ist die „Yin-Leere mit Hitze“. Bis zum Ende der Kaiserzeit unterschied man die drei Typen *xiaoke* des oberen, mittleren und unteren Erwärmers.

Oberer Erwärmer (Lungen- und Magen-Hitze)

HS: trockener Mund, trockene Kehle, Durst, häufige Miktion mit viel Harn

Mittlerer Erwärmer (Hitze in Magen und Darm)

HS: Heißhunger, trockener Stuhl, trockener Mund mit Durst, Magerkeit

Unterer Erwärmer (Nierenschwäche)

HS: häufige Miktion mit viel schmierigem Urin, trockener Mund und Lippen, heiße Hand- und Fußflächen, evt. Lumbalgie

Diese Typenunterteilung hat verschiedene Mängel, die sie für die heutige Praxis untauglich machen: sie ist stereotyp und modellhaft und lässt die Blutzuckererhöhung außer Acht. Die Entdeckung des Pankreas sollte letztlich die chinesische Diabetes-Forschung revolutionieren. Heute lautet der chinesische Name des Diabetes „*tangniao bing*“ 糖尿病 (Zucker-Harn-Krankheit), die Erhöhung des Blut- und Harnzuckerspiegels ist das wesentliche Kriterium, das den Diabetes „*tangniao bing*“ vom klassischen Erschöpfung-Durst-Syndrom „*xiaoke bing*“ unterscheidet. Damit ist der Diabetes eine der wenigen Erkrankungen, bei der in Differentialdiagnose und Therapie beide Systeme, Schulmedizin und TCM, zwangsläufig mit einbezogen werden müssen. Für die Therapie ist zudem zu unterscheiden, was behandelt werden soll, die Grunderkrankung Diabetes oder die Spätfolgen (s.u.).

Da für die Diabetesberhandlung beide Systeme, Schulmedizin und chinesische Medizin, Hand in Hand gehen müssen, befasst sich die moderne chinesische Forschung auch mit der Findung neuer Diabetes-Typen auf der Basis von Hauptkriterien nach traditionellem Muster auf der einen Seite und der schulmedizinischen Interpretation auf der anderen. Man fand bisher drei große Untergruppen, die streng genommen Übergangsstadien sind:

Yin-Leere mit trockener Hitze

(Latenzphase)

HS: Magerkeit, trockene Kehle, trockener Mund, Durst mit Verlangen nach großen Mengen, Heißhunger, Nachtschweiß, trockener Stuhl, nächtliches Aufwachen

Qi- und Yin-Leere

(Manifestphase, Diabetesdauer 5 – 10 Jahre)

magere oder normale bis leicht adipöse Statur, trockene Kehle und trockener Mund mit Durst, spontanes Schwitzen, traumreicher Schlaf

Yin- und Yang-Leere

(Manifestphase, Diabetesdauer > 15 Jahre)

Magerkeit oder normale Statur, Blässe, Kältephobie mit kalten Extremitäten, nächtlicher Harndrang, wässriger Stuhl

Die Grundtypen sind jeweils in fünf bzw. vier Untertypen unterteilt, wobei diese Unterteilung in der Praxis nicht zum Tragen kommt, da die dort beschriebenen Hauptsymptome meist durch die Gabe von Insulin oder oralen Antidiabetika gedeckelt sind und nicht manifest werden. Man beschränkt sich daher in der Praxis auf die drei Grundtypen und differenziert nach Diabetesdauer. Wichtig ist die Feststellung, dass es in jedem Stadium des Diabetes zu Blutstagnation bzw. Blutstasen kommen kann, bedingt durch die Austrocknung der Körperflüssigkeiten oder Qi-Mangel. Schulmedizinisch bedeutet das Entstehen der Blutstagnation nichts anderes als die Veränderung der Blutviskosität, die Verschlechterung der Blutfließfähigkeit. Diese sich stetig verschlechternde Fließfähigkeit des Blutes ist neben der Korrosion der Gefäße vornehmlich verantwortlich für die Entstehung der diabetischen Folgeschäden.

Die TCM-Behandlung über Akupunktur und Kräutertherapie kann dann hilfreich eingreifen im Sinne einer Stoffwechselregulierung, wenn die Inselzellen noch Insulin produzieren, d.h. vornehmlich beim Typ II Diabetes, hier bei Diabetes leichten und mittleren Grades. Bei Diabetes Typ I und schweren Stoffwechselentgleisungen kann sie lediglich in der Vermeidung oder Verzögerung der Folgeschäden als adjuvante Therapie eingreifen. Dies wurde in zahlreichen landesweit in China durchgeführten Studien belegt. Die große Chance liegt überhaupt in der Verbesserung der Blutfließeigenschaften und damit in der Vermeidung, Hinauszögerung und Behandlung der Folgeschäden.

Das Vorgehen in der Praxis

- Diabetes ohne Folgeerscheinungen: Blutzuckererhöhung ist die Grunderkrankung (*ben*), klinische Symptome sind *biao*
- Diabetes mit Folgeerscheinungen: Diabetes (*ben*) – Folgeschaden (*biao*)

Daraus ergeben sich die Behandlungsprinzipien:

- Bei der Behandlung des Diabetes als Grunderkrankung steht die Stoffwechselregulation (bis Typ 2 „Qi und Yin-Leere“) im Vorder-

grund, die Akupunktur und Kräutertherapie ist auf die Stärkung von Qi und Yin ausgerichtet.
- Bei der Behandlung der Spätfolgen tritt der Diabetes als Grunderkrankung in den Hintergrund, die Typeneinteilung spielt eine untergeordnete Rolle. Die akute Manifestation der Spätfolgen bildet die Grundlage von Diagnose und Therapie. Wichtig bleibt in jedem Fall die Anregung der Blut- und Qi-Zirkulation. Die Therapie kann und sollte, bei der Behandlung der Diabetes-Grunderkrankung wie der Spätfolgen, kurmäßig zunächst über 3 Monate erfolgen. In dieser Zeit müsste sich ein deutlicher Behandlungserfolg eingestellt haben, so dass eine Fortsetzung der Therapie erst bei Wiederauftreten der Symptome erforderlich ist. Der Vorhalteeffekt kann mehrere Jahre betragen.[7]
-

Wichtige Punkte für die Stoffwechselregulation sind: Ma 36, Le 13, Ren 12 (ableitend stimuliert), Mi 6, Bl 17a (yishu, der „Pankreaszustimmungspunkt" Höhe BWK 8), Bl 20

Neurologie

Depressionen in der TCM

Die Symptome, die auf Depressionen oder „depressive Verstimmungen" hinweisen, sind vielfältig. Häufig leiden die Patienten an Energielosigkeit, Antriebslosigkeit und Ermüdung. Sie wirken verlangsamt, sind kaum belastbar, vermitteln einen leidenden Eindruck. Ängste, Hoffnungslosigkeit, Schuldgefühle und Minderwertigkeitsgefühl treten bei der Anamnese häufig zutage. Daneben quälen die Patienten nicht selten innere Unruhe und Nervosität, die zu einer erhöhten körperlichen Agitiertheit führen. Bei der sog. „larvierten Depression" treten die psychischen Symptome allerdings in den Hintergrund zugunsten somatischer Symptome wie unerklärliche Schmerzen in den Bereichen Kopf und Rücken, wechselnde Stuhlqualitäten, Bauchbeschwerden. Meist

[7] S. auch unten, „Diabetische Polyneuropathie" und „Diabetische Gastroparese" unter „Neurologie". Beispiele für die Behandlung von Diabetespatienten in den verschiedenen Stadien und der diabetischen Folgeschäden gibt Riegel (2004): Diabetes und TCM.

sind es dann die körperlichen Beschwerden, die die Patienten in die Praxis führen, während die psychische Ursache erst im Laufe der Anamnese zum Vorschein kommt. Es ist von daher in der allgemeinmedizinischen Praxis vor allem nach Symptomen wie Magen-Darm-Beschwerden, Appetit, Schlaf zu fragen.

Die chinesische Medizin differenziert nach Typenmustern, die sich aus der hervortretenden Hauptsymptomatik ergeben. Für die chinesische Diagnostik kommen für den Fall der Depression daher den ersten drei der vier Diagnoseverfahren (Betrachten, Hören, Fragen, Tasten) besondere Bedeutung zu:

Die Betrachtung: Wie kommt der Patient in den Raum? Geht er aufrecht oder gebeugt? Wirkt er selbstsicher oder gedrückt? Wie ist sein Gesichtsausdruck? Ausdruck, Gang und Mimik können bereits Aufschluss über die psychische Verfassung geben.

Hören: Über welche Beschwerden klagt der Patient? Kommt er gleich auf die psychischen Symptome zu sprechen oder werden körperliche Beschwerden genannt? Vor allem das „Wie“ ist hier wichtig: Hört man als Therapeut Entschlossenheit in der Sprache oder ist die Stimme leise, gedrückt, leidend, zögerlich?

Anamnese: Hierher gehören neben den genannten Beschwerden auch das Hinterfragen der Stimmungslage, der Lebensumstände wie Familien- Partnersituation oder berufliche Belastung. Gibt es Mobbing am Arbeitsplatz? Wie steht es mit der Partnersituation? Gibt es eventuell körperlich-seelische Überlastungen wie permanente Fremdbestimmung, Pflege von Familienangehörigen bei gleichzeitiger beruflicher Belastung etc.?

Diese Fragen sind insbesondere wichtig, da so nicht nur die depressive Situation als solche erfasst werden, sondern auch die Frage geklärt werden kann, ob der Depression eventuell organische Störungen oder Situationen zugrunde liegen, die von außen an den Patienten herangetragen werden; denn es ist bekannt, dass auch organische oder endokrine Störungen wie Hypothyreose oder Hyperthyreose, Mangel an Serotonin oder Dopamin sowie Östrogenabfall zu depressiven Verstimmungen oder Depressionen führen können, auf der anderen Seite auch dauernde körperliche Beschwerden, v.a. Schmerzzustände. Dies ist insbesondere bei der Fibromyalgie[8] der Fall, die als „Schmerzsyndrom“ auch eine ausgeprägte psychische Komponente besitzt und in der Forschung die Frage noch nicht restlos geklärt ist, ob sie ein psychosomatisches oder ein somato-psychisches Syndrom ist.

Differentialdiagnose

Psyche und Bewusstsein werden in der TCM über die Innenorgane regiert, genauer über die sog. Yin- oder Speicherorgane. Jedes Speicherorgan, Herz, Niere, Milz, Lunge und Leber ist Sitz einer besonderen Emotion: Herz (Freude), Niere (Angst), Leber (Wut, Ärger), Lunge (Trauer), Milz (Grübeln). Jede Emotion ist wichtig und notwendig für die psychische Gesundheit des Menschen, im Übermaß hat sie negative Auswirkungen auf das zugehörige Innenorgan. Umgekehrt haben Störungen der Innenorgane wieder Auswirkungen auf die entsprechende psychische Komponente. Man kommt also über die TCM auf die gleiche Interrelation Psyche-Soma wie in der Schulmedizin.

Das, was wir „Depression“ nennen, wird in der TCM zusammengefasst unter dem Begriff „*yuzheng*“ (Unterdrückungssyndrom)[9]. Auslöser sind meist Wut, Ärger oder auch die Unfähigkeit, seinem Ärger Ausdruck zu verleihen, die den Fluss der Energie Qi blockieren und so zu einer energetischen Stockung mit entsprechenden psychischen und physischen Auswirkungen führen. Die Organe, die vornehmlich mit der Depression in Verbindung stehen, sind Leber, Niere und Herz und in einem geringeren Maße die Milz. Die Leber vermag am ehesten das Bild des unterdrückten Qi zu vermitteln, da die Hauptaufgabe der Leber in der TCM die Regulation des Qi-Mechanismus ist. Das Herz als Sitz von Psyche und Bewusstsein oder „Geist“ *shen* hat die Aufgabe, diesen zu speichern und zu kontrollieren. Die Yin-Funktion des Herzens speichert den Geist, kommt sie ihrer Aufgabe nicht nach, gerät der Geist außer Kontrolle, was sich vornehmlich in unmotiviertem Lachen, Euphorie, Manie oder Hysterie manifestiert. Die Milz ist bei der Depression meist sekundär betroffen über einen Übergriff von Holz (Leber) auf Erde (Milz); dies als Sprengung des Kontrollzyklus der Fünf Wandlungsphasen (s. Abb.4) Am wenigsten bekannt ist die Niere als Organ, das für Depressionen verantwortlich sein kann. Aber das Neuroendokrinum, das in der TCM unbekannt ist, wird von der Niere regiert. Berücksichtigt man diesen Umstand, wird klar, dass die endokrin bedingte Depression eine Funktion des

[8] Zur Fibromyalgie s.u. „Psychosomatik“.

[9] Zu den *yuzheng* in der TCM s. unten unter „Psychosomatik“.

Organs „Niere“ sein kann. Symptome der Depressionen, die einem Mangel an Nieren-Yang zuzuordnen sind, wären Apathie, Müdigkeit, Lethargie, Ängste. Symptome, die der Nieren-Yin-Leere zuzuordnen sind, sind mit einem Mangel an Ruhe assoziiert, also innere Unruhe, Nervosität, Palpitationen, Panikattacken.

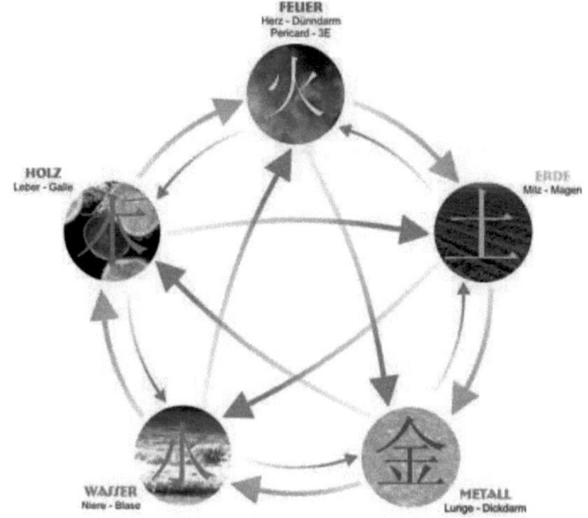

Abbildung 4Die fünf Wandlungsphsen, Förder- und Kontrollzyklus

Disharmoniemuster

I Leber-Qi-Stagnation

Hauptsymptome: Druckgefühl im Oberbauch, Schmerzen in den Flanken, Blähungen, Seufzen, Übelkeit, Reizbarkeit oder unterdrückte Wut

Klinische Bedeutung: Leberstoffwechselstörungen, physisch-psychische Überlastung, postpatale Depression

Therapieziel: Befreien des Qi-Mechanismus, Besänftigen der Leber, Beruhigen des Geistes

Akupunktur: Gb 20, Le 3, Pe 6, Gb 34, Mi 6, Ren 17, 3E 6

Erläuterung: Gb 20 bersänftigt exogenen wie endogenen Wind. Der Punkt wird unterstützt durch Gb 34. Ren 17 und Pe 6 befreien Qi im Thoraxbereich, Pe 6 harmoniert zusätzlich mit Le 3. Beide besänftigen die Leber und lösen durch Leber-Qi-Stagnation verursachte depressive Verstimmungen. 3E 6 dient als Fernpunkt für die Schmerzen in den Flanken.

Kräuter: Paeoniae albae Radix, Bupleuri Radix, Curcumae longae Tuber, Fructus aurantii immaturus Pericarpium, Angelicae sinensis Radix, Gardeniae Fructus, Chuanxiong Radix, Uncariae Ramulus et Uncus, Gastrodiae Rhizoma, Cyperi rotundus Rhizoma, Citri reticulatae viride Pericarpium

II Qi- und Schleimstagnation durch Übergriff von Leber auf die Milz

Hauptsymptome: Engegefühl in der Brust, Globusgefühl, Übelkeit, Aufstoßen, Kopfschmerzen, Schwindelgefühl, Appetitlosigkeit, Müdigkeit, wechselnde Stuhlqualitäten

Klinische Bedeutung: psychosomatische Stoffwechselstörungen, psychosomatisches Colon irritable

Therapieziel: Besänftigen der Leber, Stärken der Milz, Aktivieren des Qi-Flusses, Beruhigen des Geistes

Akupunktur: Gb 20, Le 3, Pe 6, Ma 40, Ma 36, Mi 6, Ren 12

Erläuterung: Gb 20 und Le 3 besänftigen die Leber, Pe 6 sorgt zusätzlichfür die Beruhigung des Geistes. Ma 40 (ableitend stimuliert) wandelt Schleim, Ma 36 dient dem Abtransport und der Aktivierung des Qiflusses, dies zusammen mit Mi 6, ebenfalls ableitend stimuliert. Ren 12 unterstützt Ma 40 beim Wandeln von Schleim.

Kräuter: Paeoniae albae Radix, Bupleuri Radix, Cyperi rotundus Rhizoma, Citri reticulatae viride Pericarpium, Zingiberis viride Rhizoma, Poria cocos, Atractylodis macrocephalae Rhizoma, Gardeniae Fructus, Ziziphi jujubae Fructus, Curcumae longae Tuber, Pinelliae Rhizoma

III Herz- und Milz-Qi-Leere und Blutleere

Hauptsymptome: Anämie, Schwäche, Benommenheit, Konzentrationsstörungen, Fatigue, geistige Abwesenheit, Adynamie, Weinerlichkeit, spontanes Schwitzen

Klinische Bedeutung: Fatigue-Syndrom, postpartale Depression

Therapieziel: Stärken von Herz- und Milz-Qi, Nähren des Blutes, Aktivieren der Blut- und Qi-Zirkulation, Beruhigen des Geistes

Akupunktur: Bl 15, Bl 20, Ren 6, Ma 36, Mi 6, Mi 10, Pe 6

Erläuterung: Bl 15 und Bl 20 als Zustimmungspuntke für Herz und Milz stärken das Qi der beiden Organe. Ma 36 und Ren 6 als „Meer des Qi" stärken Qi, Mi 6 und Mi 10, zuführend stimuliert, stärken Blut. Pe 6 unterstützt die Yin stärkende Wirkung von Mi 6.

Kräuter: Paeoniae albae Radix, Angelicae sinensis Radix, Millettiae seu Spatholobi Caulis, Ziziphi jujubae Fructus, Poria cocos, Schizandrae Fructus, Chuanxiong Radix, Ziziphi spinosae Semen, Scrophulariae Radix, Longanae arillus, Polygalae Radix, Astragali Radix

IV Nieren-Yang-Leere

Hauptsymptome: Müdigkeit, Adynamie, Lustlosigkeit, Ängste, geistiger Rückzug, Kälteempfindlichkeit, Tendenz zu Gewichtszunahme

Klinische Bedeutung: Hypothyreose, Klimakterium, Nebennierenrindeninsuffizienz

Therapieziel: Wärmen von Nieren-Yang und -Yin, Stärken von Qi, Beruhigen des Geistes

Akupunktur: Bl 20, Bl 23, Ren 4, Ma 36, Ni 7, Ni 3, He 7

Erläuterung: Bl 20 und Bl 23 sind dieZustimmungspunkte für Milz und Niere, die Milz unterstützt die Niere. Ren 4 und Ni 3 haben stärkende Wirkung auf den Nierenfunktionskreis. Ni 7 stärkt Nieren-Yang und –Yin, Ni 3 und He 7 als Kombination harmonisieren Herz und Niere und wirken beruhigend auf den Geist.

Kräuter: Psoraleae Semen, Corni Fructus, Rehmanniae glutinosae Radix praeparata, Eucommiae Cortex, Cinnamomi cassiae Cortex, Polygalae Radix, Lilii Bulbus, Morindae Radix, Alpiniae oxyphyllae Radix, Poria cocos

V Nieren-Yin-Leere

Hauptsymptome: Innere Unruhe, Schweißausbrüche, Palpitationen, Agitiertheit, Panikattacken, Nervosität

Klinische Bedeutung: Hyperthyreose, Klimakterium

Therapieziel: Stärken von Nieren-Yin und -Yang, Beruhigen des Geistes

Akupunktur: Bl 23, Bl 20, Ren 4, Ni 6, Mi 6, Ma 36, He 6

Erläuterung: Zu Bl 20, Bl 23 und Ren 4 s.o. Ni 6 stärkt Nieren-Yin, zusammen mit He 6 beruhigt er den Geist und wirkt Schweißausbrüchen entgegen. Ma 36 und Mi 6 harmonisieren den Hormonhaushalt.

Kräuter: Corni Fructus, Rehmanniae glutinosae Radix praeparata et viride, Cinnamomi Ramulus, Polygalae Radix, Lilii Bulbus, Alpiniae oxyphyllae Radix, Poria cocos

Als allgemeinere Richtlinie lässt sich sagen, dass Antriebsstörungen, Apathie und Gehemmtheit mit Yang- und Qi-Leere assoziiert sind. Ängste können mit einer Störung von Yang und Yin zusammenhängen. Agitiertheit, innere Unruhe, gepaart mit Ängsten und Zittern gehört zur Yin-Seite, vornehmlich zu Nieren-Yin. Die Angst, die mit Hemmung einhergeht, gehört zu Mangel oder Leere im Yang-Bereich. Die postpartale Depression, die in unserer Auflistung zweimal auftritt, wird in der chinesischen Medizin einmal der Qi- und Blutleere zugeordnet, die sich ja durch die Geburt ergibt. Zum anderen wird eine Stagnation des Qi angenommen, die wieder von der Leber ausgeht.

Grundsätzlich sind alle Typen der Depression – schwere Depressionen mit Suizidgefahr ausgeschlossen - einer Therapie über Akupunktur und Kräutermedizin zugänglich. Die Akupunktur erfolgt zweimal wöchentlich ca. 10 bis 15 Sitzungen. Die Kräutertherapie sollte mindestens 6 Wochen betragen, bei endokrinen Störungen kann sich die Kräutertherapie auch über 3 Monate erstrecken. Im Falle besonderer Ursachen ist eine Änderung der Lebenssituation oder Lebensführung für einen Therapieerfolg unerlässlich. Gedacht sei hier an Probleme wie Partnerprobleme oder Mobbing am Arbeitsplatz oder auch an die Fibromyalgie, die meist mit einer bestimmten Persönlichkeitsstruktur verbunden ist. Dies ist Part der Gesprächstherapie.

Diabetische Polyneuropathie erfolgreich behandeln mit TCM

Eine der häufigsten Spätfolgen des Diabetes mellitus ist die Polyneuropathie. Meist ist zunächst das periphere Nervensystem betroffen. Es ergeben sich

Beeinträchtigungen der sensiblen Nervenfasern, die Informationen von der Peripherie zu Rückenmark und Gehirn leiten. Daneben können auch die motorischen Nerven, die für die Bewegung der Muskeln verantwortlich sind, betroffen sein. Es ergeben sich dadurch Muskelkrämpfe, Parästhesien, stechende oder brennende Schmerzen oder Sensibilitätsstörungen in den oberen und unteren Extremitäten. Vielfach liegt das Problem in einer Korrosion der kleinen Blutgefäße, welche die Nerven durchziehen, und somit die geregelte Nervenreizleitung unterbindet.[10]

Entsprechend der klinischen Manifestationen der peripheren Polyneuropathie gehört sie in den Rahmen der Syndrome „Schmerz", „*bi*" und „*wei*" („Atrophie"). Das Erkrankungsbild ist die Folge langfristig nicht geheilter Grunderkrankung. Es kommt nach chinesischer Vorstellung langfristig zu einem Leere-Zustand, einer Erschöpfung des gesunden Qi, Mangel an Blut und Qi und zur Dysregulationen von Ernährungs- und Verteidigungs-Qi. Es kann sowohl zur Hypovolämie der Blutgefäße und Netzleitbahnen als auch zur Verstopfung der Gefäße kommen.

Nach Schmerzqualität und Begleitsymptomen unterscheidet man vier Typen:

I Qi-Leere mit Blutstase

Hauptsymptome: Taubheitsgefühl in den Extremitäten mit stechenden Schmerzen vor allem in den Beinen, Kurzatmigkeit mit Kraftlosigkeit, Mattigkeit mit dem Verlangen sich abzulegen, spontanes Schwitzen, evtl. blasses Gesicht, Windphobie, Neigung zu Erkältungskrankheiten

Zunge: blass bis purpur, weißer Belag; *Puls*: fein und leer

Pathomechanismus: Bei langfristigem Bestehen des Diabetes kommt es zur allmählichen Erschöpfung des gesunden Qi. Qi-Leere führt zu Blutstase, so dass die Gefäße letztlich ihre Durchgängigkeit verlieren. Wenn Hände und Füße nicht mehr ernährt werden, kommt es zu Taubheitsgefühl und Schmerzen in den Extremitäten; wenn Qi und Blut erschöpft sind, führt dies zu Mangelernährung der Gewebe und zu Mattigkeit mit dem Verlangen sich abzulegen sowie zu Blässe. Die Zungen- und Pulsbefunde zeugen von Blutstagnation im Inneren.

---

[10] S. auch oben den Abs. „Diabetesbehandlung" unter „Innere Medizin".

Therapieprinzip: Stärken von Qi, Anregen der Blutzirkulation, Durchgängigmachen der Gefäße und Netzbahnen und Stillen des Schmerzes

Kräutertherapie:[11] „Dekokt aus Astragali Radix, Cinnamomi cassiae Ramulus und fünf Ingredienzien" (*huangqi guizhi wuwu tang*)

Astragali Radix viride 18 g, Cinnamomi cassiae Ramulus 4 g, Paeoniae albae und rubrae Radix je 12 g, Angelicae sinensis Radix 12 g, Salviae miltiorrhizae Radix 15 g, Ziziphi Jujubae Fructus 5 Stck., Zingiberis recens Rhizoma viride 3 Scheiben.

Zusätze: Wenn die oberen Extremitäten besonders betroffen sind, zusätzlich Loranthi Ramulus 25 g;

Wenn insbesondere die unteren Extremitäten betroffen sind, zusätzlich Achyranthis bidentatae Radix 15 g

Akupunktur: Bl 17 (oder *yishu*[12]), Ren 6, Ma 36, Mi 6, Dü 6, Di 4 + lokale Punkte

Erläuterung: Bl 17 hat Blut klärende und die Qi-Zirkulation anregende Wirkung. Kausal gegen die diabetische Stoffwechsellage kann auch *yishu* genadelt werden mit zuführender Nadeltechnik. Ma 36 und Mi 6, neutral stimuliert, wirken anregend auf die Blutzirkulation, stärken Qi und Milz. Ren 6, zuführend stimuliert (evtl. + Moxa) stärkt Qi ebenso wie Di 4. Dü 6 befreit die Netzgefäße der oberen Extremitäten.

II Leber- und Nieren-Yin-Leere

Hauptsymptome: Taubheitsgefühl in Armen und Beinen, Krämpfe in den Extremitäten, Schmerzen hauptsächlich stechender Qualität, begleitend Schwindel, Lumbalgie, Tinnitus, heiße Hand- und Fußflächen.

Zunge rot mit wenig Belag; *Puls*: saitenförmig-fein oder fein und schnell

Pathomechanismus: Langfristig bestehender Diabetes führt zu Leere an Leber- und Nieren-Yin. Die Leber ist verantwortlich für Sehnen und speichert Blut. Bei unzureichendem Leber-Yin, d.h. Erschöpfung von Leber-Blut, kann Blut über

[11] Die Kräuter stehen in der Behandlung der diabetischen Folgeschäden über der Akupnktur Lediglich in Akutfällen kommt der Akupunktur der Vorrang zu.

[12] *Yishu* bezeichnet den Zustimmungspunkt des Pankreas. Er befindet sich auf dem Innenast der Blasenleitbahn auf Höhe des 8. BWK. So.o „Diabetesbehandlung".

die Gefäße die Gewebe nicht mehr ausreichend ernähren, es kommt zu Sensibilitätsstörungen in den Extremitäten, Krämpfen und Schmerzen. Unzureichendes Leber-Yin hat auch zur Folge, dass Leber-Yang allein nach oben steigt und so zu Kopfschmerz und/oder Schwindel führt. Die Niere regiert die Knochen, die Lende ist der Palast der Niere, die Knie sind der Palast der Sehnen. Bei unzureichendem Nieren-Yin entstehen Schmerzen und Schwäche in Lende und Knie. Die Niere öffnet sich zudem in die Ohren. Unzureichendes Nieren-Yin kann daher zu Unterversorgung der Ohren und zu Ohrensausen führen. Die heißen Hand- und Fußflächen sind Ausdruck starken Yin-Mangels, der zu Hitze führt.

Therapieprinzip: Stärken und Nähren von Leber und Niere, Besänftigen der Krämpfe und Stillen des Schmerzes

Kräutertherpapie: „Modifizierte Hutan-Pellets mit Dekokt aus Paeoniae Radix und Glycyrrhizae Radix“ (*hutan wan he shaoyxao gancao tang jiajian*)

Rehmanniae glutinosae Radix praeparata 12 g, Paeoniae albae Radix 15 g, Angelicae sinensis Radix 12 g, Achyranthis bidentatae Radix 12 g, Phellodendri Cortex 10 g, Anemarrhenae Radix. 8 g, Lycii Fructus 10 g, Glycyrrhizae Radix 6 g

Akupunktur: Bl 18, Bl 23, Ma 36, Mi 6, Ni 3, Le 3, Ma 41

Erläuterung: Bl 18 und Bl 23 sind die Zustimmungspunkte für Leber bzw. Niere. Ni 3 und Le 3 sind die Quellpunkte der Leitbahnen für Niere bzw. Leber und ergänzen die Zustimmungspunkte in ihrer Wirkung. Ma 36 und Mi 6, neutral stimuliert, stärken Qi und regen die Blutzirkulation an. Ma 41 ist wirksam auf Krämpfe in den unteren Extremitäten entgegen.

III Milz-Qi-Schwäche mit Schleimblockade

Hauptsymptome: Brustenge, schwere Extremitäten, Taubheitsgefühl mit Lähmungserscheinungen oder Parästhesien, Kraftlosigkeit, Müdigkeit, Schwindel, Schwere des Kopfes mit Gefühl des Eingeschnürtseins, Schmerzen in der Rippengegend, Völle im Leib mit Diarrhoe

Zunge/Puls: geschwollen mit weißem klebrigem Belag; Puls: schlüpfrig und zerfließend

Pathomechanismus: Die Milz-Qi-Schwäche, die durch unterschiedliche Mechanismen entstanden sein kann, führt zu einer Mangelverteilung von Flüssigkeit im Körper. Langfristig gestaute Flüssigkeit wandelt sich zu Schleim. Schleim verstopft die Blutbahnen und Netzgefäße, so dass die peripheren Gewebe (Extremitäten) nicht mehr ausreichend mit Nährstoffen versorgt werden können. Folge sind Parästhesien oder Lähmungserscheinungen. Die Feuchtigkeits- und Schleimstagnation ergibt sich auch im gesamten Dreifach Erwärmer, die Symptome hierfür sind Brustenge, Völle im Leib und wässrige Diarrhoe. Der Kopf ist der Versammlungsort des gesamten Yang. Durch die Verstopfung der Gefäße kann Yang nicht mehr nach oben steigen, die Folge dessen sind die typischen Kopfsymptome wie Schwindel und Eingeschnürtsein.

Therapieprinzip: Stärken von Qi, Gesunden der Milz, Wandeln von Schleim, Lösen des *bi*-Syndroms

Kräutertherapie: „Modifiziertes Dekokt zum Stärken der Mitte und von Qi" mit „*fuling*-Pellets" (*fuling wan he buzhong yiqi wan jiajian*)

Poria cocos 30 g, Codonopsitis Radix 12 g, Angelicae sinensis Radix 12 g, Pinelliae Rhizoma 10 g, Citri reticulatae Pericarpium 10 g, Atractylodis macrocephalae Radix 10 g, Citri aurantii Fructus immaturus 6 g.

Zusätze: Bei Erbrechen zustäzlich Atractylodis Rhizoma und Biotae Semen

Bei Ameisenlaufen in den Extremitäten zusätzlich Angelicae seu Heraclei Radix und Stephaniae tetrandrae Radix.

Bei Kälte im Magen und kalten Extremitäten zusätzlich Cinnamomi cassiae Ramulus und Paeoniae albae Radix

Akupunktur: Bl 20, Ma 36, Ma 40, Mi 9, Ma 32

Bl 20 ist der Zustimmungspunkt der Milz. Ma 40 ist der *luo*-Punkt der Magenleitbahn und wie Mi 9, der *he*-Punkt der Milz-Leitbahn, Hauptpunkt für Wandelung und Ausleitung von Schleim. Ma 36 stärkt Qi und Blut und wirkt gesundend auf die Milz. Ma 32 stärkt die unteren Extremitäten.

IV Blutstase blockiert die Blutgefäße und Netzbahnen

Hauptsymptome: Relativ heftige stechende Schmerzen der Gelenke, evtl. Schwellungen, die keinen Druck vertragen, blasses leicht zyanotisches Gesicht, trockene Haut, Durst ohneVerlangen nach Getränken;

Zunge: leicht zyanotisch mit Hämatomen; *Puls*: fein und rau

Pathomechanismus: Blutstase ist die Folge langfristiger Diabeteserkrankung. Durch Blutstase in den Gefäßen kommt es zu mangelhafter Durchblutung und Aufrauung der Gefäße. Es ergeben sich genau lokalisierbare stechende Schmerzen. Durch die Stagnation werden die peripheren Gewebe nicht richtig durchblutet, auch die Haut hat keine Nahrung. Dadurch kommt es zu trockener Haut. Da Blutstagnation langfristig Hitze bildet, kommt es zur Schädigung des Yin, dadurch zu Durst.

Therapieprinzip: Aktivieren der Blutzirkulation, Auflösen von Stasen, Lösen des Syndroms und Stillen des Schmerzes

Kräutertherapie: „Modifiziertes 4-Ingredienzien-Dekokt mit Persicae Semen und Catharmi Flos“ (*Taohong siwu tang jiajian*)

Rehmanniae glutinosae Radix viride 15 g, Achyranthis bidentatae Radix 12 g, Pheratima aspergillum 12 g, Angelicae sinensis Radix10 g, Paeoniae rubrae Radix 10 g, Paeoniae albae Radix 10 g, Chuanxiong Radix10 g, Catharmi Flos 10 g, Persicae Semen 10 g, Salviae miltiorrhizae Radix15 g, Aucklandiae Radix 6 g, Myrrha 6 g.

Akupunktur: Bl 20, Bl 17, Pe 6, Ren 6, Ma 36, Mi 6

Erläuterung: Bl 20 ist der Zustimmungspunkt der Milz, des Hauptorgans für Qi. Bl 17 löst Blutstasen. Ren 6 ergänzt Bl 20 im Sinne der Stärkung von Qi. Ma 36 und Mi 6 ergänzen die Kombination aus Bl 20 und Ren 6 durch ihre stärkende aktivierende Wirkung auf Qi und Blut. Pe 6 ist wie Mi 6 ein Hauptpunkt für die Stärkung von Yin.

Therapieergebnisse

Die kombinierte Kräutertherapie mit Akupunktur hat sich als sehr effektiv erwiesen. Die Behandlung muss zunächst über mindestens drei Monate erfolgen mit 10 bis 20 Akupunktursitzungen. In den meisten Fällen ergaben sich eine Schmerzfreiheit nach Ablauf der drei Monate und eine deutliche Besserung der übrigen Begleitsymptome der Diabeteserkrankung. Das Therapieergebnis hielt zumeist über mehrere Jahre an. Eine Wiederholung der Kräutertherapie kann vorbeugend zwei bis dreimal pro Jahr erfolgen, dann jeweils über ca. 6 Wochen.

Diabetische Gastroparese erfolgreich behandeln mit TCM

Nach zwanzigjähriger Diabetes-Krankheit leiden auch etwa 50% der Diabetiker an einer autonomen Polyneuropathie, d.h. einer Schädigung der autonomen Nervenbahnen. Die klinischen Manifestationen zeigen sich hier in Dysfunktionen der Innenorgane. Ist der Magen-Darmtrakt betroffen, ergeben sich z.B. Völlegefühl, Übelkeit sowie ständig wechselnde Stuhlqualitäten. Gerade die Beeinträchtigung der Magenentleerung, die *diabetische Gastroparese*, ist ein Problem, das nicht selten sehr spät erkannt wird und zu wenig Beachtung findet; denn durch die unwillkürliche Magenentleerung, die sich immer wieder, oft Stunden nach der Nahrungsaufnahme, ergibt, kann es unter einer Insulintherapie zu Hypoglykämien kommen. Schulmedizin und Naturheilkunde stehen dem Problem, was seine Therapie angeht, bisher relativ hilflos gegenüber. In der eigenen Praxis hat sich jedoch gezeigt, dass die TCM mit Akupunktur und Kräutertherapie ein durchaus effektives und probates Mittel gegen dieses Übel der diabetischen Gastroparese sein kann.

Die diabetische Gastroparese in der TCM

Die Symptome der Gastroparese sind Übelkeit, unwillkürliches Erbrechen, Völle, also Symptome der Qi-Stagnation im mittleren Erwärmer und Gegenläufigkeit des Magen-Qi. Hauptziel muss demnach sein, den Qi-Fluss anzuregen und das Qi in die richtige Richtung zu leiten.

Fall

Patientin, 70 Jahre, insulinpflichtiger Diabetes mellitus seit über 30 Jahren, HbA1c 6,9. 2004 in Behandlung wegen peripherer Polyneuropathie; stellt sich 2007 vor mit diabetischer Gastroparese.

Symptome: Bei körperlicher Betätigung (Gehen, Radfahren) nach dem Frühstück Erbrechen, ansonsten leicht Völlegefühl, kann nur kleine Portionen zu sich nehmen. Zusätzlich Bluthochdruck mit Neigung zu Blutdruckentgleisungen

Zunge: blass-rot, gelblicher Belag Mitte-hinten; *Puls*: schlüpfrig

Diagnose: Qi-Stagnation in der Mitte mit Gegenläufigkeit des Magen-Qi und Verschleimung

Akupunktur: Ex 12 (Ex-B 2) an TH 12 und TH 3, Pe 6, Ren 12, Ma 36, Ma 40

Kräuter: Paeoniae albae Radix, Poria cocos, Astragali Radix, Atractylodis macrocephalae Radix, Citri reticulatae Pericarpium, Zingiberis viride Rhizoma, Angelicae sinensis Radix., Salviae miltiorrhizae Radix, Achyranthis bidentatae Radix, Glycyrrhizae Radix, Corni Fructus

Kommentar: Die Akupunktur wurde zweimal wöchentlich durchgeführt, die Punktewahl so klein wie möglich gehalten aufgrund der Nadelempfindlichkeit der Patientin. Es wurde versucht, zur gleichen Zeit die prekäre Blutdrucksituation zu verbessern, daher die Zuhilfenahme von Ex 12 an TH 3. Da es sich bei der Gastroparese um ein Problem des Vegetativums handelt, wurde nicht der Zustimmungspunkt des Magens gewählt (Bl 21), sondern Ex 12 auf Höhe TH 12, die Huatuo-Linie, die dem sympathischen Grenzstrang entspricht. Pe 6 dient der Befreiung des Qi-Mechanismus im Bereich des Brustkorbs, unterstützend kann hier auch Ex 12 an TH 3 dienen. Ren 12 wurde als Schleimbagger und Alarmpunkt des Magens gewählt. Ma 40 unterstützt Ren 12. Ma 36 dient der Anregung der Blutzirkulation.

Die Kräuterauswahl zieht insbesondere solche Kräuter mit ein, die schleimwandelnd sind und das Qi in die richtige Richtung führen. Dazu gehören Citri reticulatae Pericarpium, Atractylodis macrocephalae Rhizoma und Zingiberis viride Rhizoma. Achyranthis bidentatae Radix wurde gewählt, um zusätzlich die Blutzirkulation anzuregen und dabei auch eine Auffrischung der Behandlung der peripheren Polyneuropathie in den unteren Extremitäten zu erzielen. Radix Glycyrrhizae beruhigt den Magen, zusammen mit Zingiberis viride Rhizoma. Corni Fructus stärkt die Niere, zusammen mit Achyranthis bidentatae Radix. Die Stärkung der Niere ist eine Maßnahme, die bei der langen Diabetesdauer unbedingt ergriffen werden sollte. Poria cocos, Astragali Radix, Atractylodis macrocephalae Rhizoma und Glycyrrhizae Radix, die als Einheit ein abgewandeltes Vier-Fürsten-Dekokt (*sijunzi tang*) darstellen, stärken die Milz in ihrer Funktion. Eine Stärkung der Milz und damit der Mitte empfiehlt sich zur Vermeidung neu entstehenden Schleims. Salviae miltiorrhizae Radix, der chinesische Salbei, wird gewählt, um der Makroangiopathie entgegenzuwirken. Er ist insbesondere wirksam bei Zirkulationsstörungen und koronaren Herzerkrankungen und er hat Blutdruck senkende Wirkung.

Verlauf und Fazit: Nach 6 Wochen hat sich die Situation bereits gebessert. Bei normalem Gehen nach dem Frühstück kein Erbrechen mehr, lediglich bei stärkerer Belastung wie Radfahren. Auch das Völlegefühl ist deutlich gebessert. Nach weiteren 4 Wochen kein Erbrechen mehr, die Nahrungsaufnahme ist noch leicht reduziert. Die Patientin erhielt insgesamt 10 Sitzungen Akupunktur, die Kräuter wurden über 3 Monate eingenommen. Das Therapieergebnis konnte bis jetzt erhalten werden.

Für die Behandlung der diabetischen Gastroparese empfiehlt sich die Nadelung der Huatuo-Linie (Ex 12) an den entsprechenden Wirbelsegmenten. Es dürfte dabei nicht von entscheidender Bedeutung sein, ob man die Segmente nach den Headschen Dermatomzonen wählt oder die chinesischen Organ-Segment-Zuordnungen. Das Stärken der Mitte und das Wandeln von Schleim scheint ein zusätzlich wichtiges Kriterium bei der Behandlung der Gastroparese zu sein wie andere Fälle bestätigten. Welche Bedeutung das Zusammenspiel Akupunktur/-Kräuter in der Behandlung der diabetischen Gastroparese hat, kann nicht definitiv gesagt werden, da ausschließliche Behandlungen über Kräuter oder Akupunktur nicht durchgeführt wurden. Für Gefäßschutz, Gefäßreinigung und Blutfließeigenschaften ist die Gabe der Kräuter jedoch unerlässlich.

Migränebehandlung mit TCM

Die Migräne, von griech. *Hemikranion*, „halber Schädel", zählt als eine Art Kopfschmerz zu den neurologischen Erkrankungen. Etwa 10% der Bevölkerung sind von ihr betroffen, vor allem Personen zwischen dem 25. und 45. Lebensjahr; aber auch im Kindesalter kann die Krankheit bereits beginnen. Statistisch gesehen sind Frauen etwa dreimal häufiger betroffen als Männer, wobei die

Prävalenz des weiblichen Geschlechts erst mit Einsetzen der Pubertät und synchron zur Entwicklung der Sexualfunktionen beginnt. In früheren Lebensjahren besteht kein Unterschied zwischen den Geschlechtern hinsichtlich der Entwicklung einer Migräne.

Symptome und auslösende Faktoren

Während des Migräneanfalls können verschiedene Phasen mit unterschiedlichen charakteristischen Symptomen durchlaufen werden. Ein Anfall kündigt sich häufig durch spezifische Vorboten an, die sich über mehrere Stunden oder Tage hinziehen können, wie Müdigkeit, Geräuschempfindlichkeit, Magen-Darm-Störungen oder Heißhunger auf bestimmte Lebensmittel. In 15-20% der Fälle folgt eine Auraphase, die im Wesentlichen durch visuelle und/oder sensible Störungen gekennzeichnet ist wie Blickfeldveränderungen oder wanderndes Kribbeln durch verschiedene Finger. Die eigentliche Kopfschmerzphase zeigt sich in meist halbseitigen Kopfschmerzen im Bereich Stirn, Schläfe und Auge. Die Schmerzqualität ist meist pulsierend pochend oder stark zusammenziehend. Typische Begleitsymptome sind Übelkeit, Erbrechen, Licht- Geräusch und Geruchsempfindlichkeit. Leidet ein Patient an mehr als 15 Tagen eines Monats und über mehrere Monate hinweg unter Migräne, spricht man von der „chronischen Migräne".

Da die Prävalenz der Migräne in den Industrieländern in den letzten 40 Jahren deutlich zugenommen hat, können Umweltfaktoren und Lebensstil als wesentliche Faktoren bei der Entstehung der Migräne angenommen werden. Daneben stehen die bekannten Faktoren Stress, Lebensmittel (Fehlernährung), hormonelle Dysbalancen sowie unregelmäßiger Biorhythmus (Schichtarbeit), Schlafmangel oder zu viel Schlaf sowie Wetterempfindlichkeit (v.a. Wind). Auch eine familiäre Disposition ist anzunehmen.

Als Ursachen der entsprechenden Kopfschmerzen sind aus schulmedizinischer Sicht in der Diskussion die Freisetzung entzündungsvermittelnder Botenstoffe während eines Anfalls aus Nervenendigungen des Nervus Trigeminus, die Hypererregbarkeit von Hirnrinde und Okzipitallappen bei Migränepatienten sowie die Möglichkeit der Erweiterung kranialer Blutgefäße beim Migräneanfall. Die entsprechende Medikation setzt in der Akutphase vornehmlich auf unspezifisch Schmerz- und Entzündungsprozesse hemmende Schmerzmittel aus der Gruppe der Nichtopioid-Analgetika (Ibuprofen, Paracetamol, Acetylsalizylsäure) und daneben auf spezifische Migränetherapeutika aus den Gruppen der Triptane.

Alternativen zur Schulmedizin

Die Schmerzmittel für die Akutphase sind zumeist wenig wirksam und bedürfen der Unterstützung durch Mittel gegen die Begleitbeschwerden Übelkeit und Erbrechen. Die Medikamenteneinnahme ist zum einen belastend für den Organismus des Patienten, zum anderen ist kaum zu erwarten, dass sich an seinem Beschwerdebild selbst eine wesentliche Veränderung ergibt. Die Notwendigkeit der Suche nach Alternativen führte wohl westliche Mediziner dazu, Untersuchungen zur Wirksamkeit der Akupunktur im Falle der Migräne anzustrengen.[13] Das Fazit oder der einhellige Tenor war bisher der, dass die Akupunktur bei Migräne wirksam ist, Anfallshäufigkeit und -Heftigkeit wohl reduziert werden können, die Punktewahl jedoch keine entscheidende Rolle spielt. In China setzt man in der Migränebehandlung insgesamt stark auf die Akupunktur, wobei den Untersuchungen und Studien stets ein kausales Konzept zugrunde liegt und der Fokus insbesondere auf die Therapie der Leber- und Gallenblasenleitbahn (s.u.) gelegt wird. Ziel ist bei der Therapie stets, das Phänomen „Migräne" auszumerzen. Die Praxis hat bereits gezeigt, dass die kausal ausgerichtete Regulation über die Nadeltherapie äußerst effektiv ist und über eine Kombination mit der chinesischen Kräutertherapie das Problem „Migräne" im Idealfall auch restlos gelöst werden kann.

Migräne in der TCM

Wie jede Art von Schmerz wird der Kopfschmerz, so auch die Migräne (*pian toutong* 偏頭痛 „Halbseitenkopfschmerz"), nach traditioneller Vorstellung zunächst von Störungen des Qi- und Blutflusses ausgelöst. Diese Störungen können ihrerseits basieren auf dem Einfluss pathogener Faktoren (exogen, endogen oder weder exogen noch endogen) oder der Disharmonie im Fließgleichgewicht zwischen den Innenorganen. Durch den Einfluss der pathogenen Faktoren oder den behinderten Blut- und Qi-Fluss kommt es zur Blockade der Leitbahnen bzw. Netzgefäße im Bereich des Gesichtes und Kopfbereiches, was letztlich die Schmerzmanifestation ausmacht.

Chronischer Kopfschmerz, zu dem auch die Migräne gehört, kann generell initiiert sein durch:

[13] Zu Beispielen s.u. Literaturliste

- Qi- Blutstase

- Qi- und Blutleeere

- Nierenleere

- hochschlagendes Leber-Yang

-Leber-Qi-Stagnation

Die Migräne ist nun ein Phänomen, das insbesondere die Funktionskreise Leber/Galle und Niere/Blase betrifft. Dabei herrscht im Leberfunktionskreis meist Hitze (durch langfristige Leber-Qi-.Stagnation oder hochschlagendes Leber-Yang), während im Nierenfunktionskreis meist Leere herrscht. Oftmals ist sie auch mit *Schleim* assoziiert, vornehmlich dann, wenn langfristig gestautes Leber-Qi zur Beeinträchtigung der Milz-.Funktion, d.h. der Wandelungsfunktion der Milz, geführt hat und dadurch – immaterieller - Schleim entstanden ist. Die zweite Möglichkeit ist die Schleimbildung ohne Übergriff durch die Leber, die beeinträchtigte Milz-Funktion durch langfristige Fehlernährung.

Manifestationsorte der Migräne

Wichtig für die Diagnose sind neben dem Erkennen des Vorhandenseins pathogener (auslösender) Faktoren Schmerzqualität und die genaue Leitahnen-lokalisation.

(s.u. „Leitsymptom Kopfschmerz“)

Differentialdiagnose nach Typus

I Schleim

Hauptsymptome: Der Kopfschmerz, der sich als starker dumpfer Druck im gesamten Kopf oder auf einer Seite manifestiert, Schweregefühl des Kopfes und das Gefühl, in einem Schraubstock befindlich zu sein. Begleitsymptome sind Völlegefühl und Übelkeit mit Erbrechen, Gliederschwere, Verschlechterung bei feuchtem Wetter.

Zunge/Puls: große ödematöse Zunge, weißlicher Belag, schlüpfriger Puls

Therapieziel: Ausleiten von Schleim, Wandeln von Feuchtigkeit und stärken der Milz

Akupunktur: Ren 12, Ma 40, Mi 9, Ma 36, Gb 20, Ex 1 Ex-HN 3), Di 4

Erläuterung: Ren 12, Ma 40 und Mi 9 sind die großen Schleim- und Feuchtigkeitswandler unter den Akupunkturpunkten. Ma 36, neutral stimuliert, wirkt gesundend und stärkend auf die Milz und regt den Qi-Fluss an. Gb 20 ist Nahpunkt für Kopfschmerzen, ebenso wie Ex 1. Di 4 dient als Fernpunkt für die Kopfschmerzen. Die Kombination aus Pe 6 und Di 4 reguliert den Fluss des Qi. Bei Übelkeit empfiehlt sich die Ergänzung durch Mi 4.

Kräuter: Poria cocos, Atractylodis macrocephalae Radix, Pinelliae Rhizoma, Zingiberis Rhizoma viride, Citri reticulatae Pericarpium, Cyperi rotundus Rhizoma, Glycyrrhizae Radix

II Leber-Qi-Stagnation

Hauptsymptome: Reaktion mit Kopfschmerzen auf Stressituationen, die Qualität des Kopfschmerzes ist ziehend und von Verspannungen im Nackenbereich begleitet; Begleitsymptome können sein Dysmenorrhoe, Reizbarkeit und Stimmungsschwankungen, Flankenschmerzen, Sodbrennen, Übelkeit oder Appetitlosigkeit.

Zunge/Puls: Zunge livide, sonst unauffällig, saitenförmiger Puls

Anm.: Diese Art von Kopfschmerzen kommt häufig bei depressiven Patienten oder Fibromyalgie-Patienten vor.

Therapieziel: Befreien von Leber-Qi, Stillen des Kopfschmerzes

Akupunktur: Ma 36, Le 3, Mi 6, Pe 6, Di 4, Ren 17

Erläuterung: Le 3 befreit Leber-Qi, Ren 17 als Meisterpunkt des Qi bringt Qi in Umlauf, wird dabei unterstützt durch Pe 6, der Qi im oberen Erwärmer reguliert. Pe 6 wirkt zudem insbesondere auf den Leber-Funktionskreis aufgrund der Gleichnamigkeit der Leitbahnen von Pericard und Leber. Ma 36 und Mi 6, ableitend stimuliert, bewirken eine Aktivierung des Qi-Flusses. Di 4 ist Akutpunkt für Kopfschmerzen und zusammen mit Le 3 bildet er die sog. „Vier-Tor-Punkte", die für eine Regulation von Qi und Blut sorgen.

Kräuter: Bupleuri Radix, Paeoniae albae Radix, Poria cocos, Citri aurantii Fructus immaturus, Curcumae longae Rhizoma, Angelicae sinensis Radix, Chuanxiong Radix, Lycii Fructus, Rehmanniae glutinosae Radix praeparata, Glycyrrhizae Radix

III Hochschlagendes Leber-Yang

Hauptsymptome: Pulsierende pochende oder stechende Kopfschmerzen, v.a. auf dem Schädeldach (s.o.), Stressituationen oder Ärger verschlimmern; Begleitsymptome sind Druckschmerz in den Augen, Mundtrockenheit, bitterer Mundgeschmack, Tinnitus

Zunge/Puls: rote Zunge ohne Belag oder mit geringem gelbem Belag, saitenförmiger oder feiner schneller Puls

Therapieziel: Beruhigen der Leber, Absenken von Yang

Akupunktur: Le 2, Ma 36, Mi 6, Pe 6, Gb 34, Gb 20, Ni 2

Erläuterung: Gb 20 ist lokaler Schmerzpunkt gegen Kopfschmerzen und er hat gleichzeitig beruhigende Wirkung auf die Leber. In dieser Wirkung wird er unterstützt durch Gb 34. Pe 6 wirkt auf den Leberfunktionskreis und regulierend auf den Qi-Fluss im oberen Erwärmer, Ma 36 und Mi 6 aktivieren den Fluss des Qi, Mi 6 stärkt zusätzlich Yin, ebenso wie Pe 6. Ni 2 senkt Yang ab.

Kräuter: Paeoniae albae Radix, Achyranthis bidentatae Radix, Moutan Cortex radicis, Salviae miltiorrhizae Radix, Lycii Fructus, Rehmanniae glutinosae Radix praeparata, Poria cocos, Ziziphi jujubae Fructus, Ziziphi spinosae Semen, Ostrae Concha, Chrysanthemi Flos, Chuanxiong Radix, Gastrodiae Rhizoma, Glycinis testa, Prunellae spica

Anmerkungen zur Therapie: Generell erfolgt die Nadelung in der Remittenzzeit, während in der Akutphase aufgrund des Leidensdruckes des Patienten in aller Regel auf die Nadelung verzichtet wird.

Die Nadelung sollte anfänglich jeden zweiten Tag erfolgen, dann zweimal pro Woche, die Erhaltungsdosis liegt bei 1 mal wöchentlich. 10 Sitzungen sind ein Minimum. Sinnvoll ist die Unterstützung durch entsprechende Kräutertherapie.

Hochschlagendes Leber-Yang spricht für einen Sympathikotonus. Hier sind entsprechende Tipps für die Lebensführung zu geben. Zudem eignet sich eine

Unterstützung durch die Ohrakupunktur mit vegetativ wirksamen Punkten (z.B. 55, 51 oder Vegetativum II, 26a und 98).

Leber-Qi-Stagnation sowie deren Steigerung des Leber-Feuers und des Leber-Windes haben eine starke psychische Komponente, so dass sich auch hier die Unterstützung durch Ohrakupunktur empfiehlt. Zudem geht Leber-Qi-Stagnation meist einher mit einer tatsächlichen Stoffwechselstörung der Leber. Dies bedeutet, dass die Leber nicht in der Lage ist, ihrer Entgiftungsfunktion regelgerecht nachzukommen, dass also eine Anhäufung von Umweltgiften mit ursächlich für die Kopfschmerzen sein können. Hier sind entsprechende Testungen geeignet sowie zusätzliche Ausleitungstherapien (z.B. Phönix Entgiftungskur, Derivatio/Lactopurum Pflüger oder Chlorella Algen bei Schwermetallvergiftungen).

Nieren-Yang und Nieren-Yin unterhalten enge Beziehung zum Neuroendokrinum, v.a. zu den Achsen Hypothalamus-Hypophyse-Schilddrüse und Hypothalamus-Hypophyse-Ovarien. Von daher ist bei Frauen stets das Menstruationsverhalten besonders genau zu hinterfragen, um zu überprüfen, ob es sich bei den Kopfschmerzen um urogenital bedingte Kopfschmerzen handelt. Ist ein Zusammenhang zwischen Kopfschmerz und Menstruationszyklus erkennbar, empfiehlt sich auch hier der Einsatz der Ohrakupunktur (23, 22, 29, 26 a, 28).

In jedem Fall empfehlen sich unterstützend entsprechende Ernährungsempfehlungen wie der Verzicht auf „Schleimbildner" (z.B. Milch, Bananen, Weizenmehl, Briekäse, Wurst), thermisch kalte Lebensmittel bei Nierenschwäche sowie – bei Hitze im Leberfunktionskreis – auf thermisch heiße Lebensmittel (z.B. Chips, scharfe Gewürze, Lamm, Hammelfleisch, scharf Angebratenes).

Zeitlicher Ablauf der Therapie: Innerhalb von 4 bis 6 Wochen sollte sich bei Migräne als Folge einer Verbesserung der Stoffwechsellage bereits eine deutliche Besserung ergeben haben. Bei urogenital bedingter Migräne (zyklusabhängig) verläuft die Veränderung der Kopfschmerzproblematik entsprechend der endokrinen Regulation, d.h. es ist zu erwarten, dass die Kopfschmerzen sich nach ca. 2 Zyklen bessern und dann ausbleiben werden, wenn die endokrine Situation vollständig geregelt ist. Äußerlich sicht- und wahrnehmbares Zeichen sind dann regelmäßiger Zyklus ohne Begleitbeschwerden, klumpenfreies fließendes Blut von frischer Blutfarbe.

Fall

Patientin, 51 Jahre, Migränekopfschmerz seit dem 35. Lebensjahr; früher einmal in 3 bis 4 Wochen, derzeit teilweise einmal wöchentlich, teilweise über eine Woche anhaltend; Der Schmerz beginnt hinter dem Auge, verteilt sich dann auf der rechten Seite.

Symptome: Zeitweise Hitzewallungen, Einschlafstörungen, Nervosität, v.a. vor Beginn der Menstruation. Menstruation tendenziell klumpig

Zunge/Puls: livide Zungenfarbe, glatte Ränder, feucht; geringe Stauungszeichen; Puls rechts fein und schwach, leicht fädig, Fußstelle nicht tastbar; links v.a. an der Torstelle saitenförmig, Fußstelle schwach

Diagnose: Leber-Hitze und Nieren-Yang und –Yin-Leere

Therapieziel: Beruhigen der Leber, Stärken der Niere, Anregen der Blut- und Qi-Zirkulation

Akupunktur: Bl 18, Bl 23, Ma 36, Mi 6, Le 3, Gb 34, Ren 17, Pe 6

Erläuterung: Bl 18 sind Bl 23 sind die Zustimmungspunkte für Leber und Niere. Ma 36 und Mi 6 dienen der Anregung der Blutzirkulation, ebenso Ren 17. Pe 6 reguliert das Qi des obern Erwärmers. Le 3 dient der Freisetzung gestauten Leber-Qis und der Anregung des Qi-Mechanismus.

Kräutertherapie: Paeoniae albae Radix, Polygoni multiflori Radix, Cyperi rotundus Rhizoma, Astragali Radix, Chuanxiong Radix, Lycii Fructus, Schizandrae Fructus, Ziziphi spinosae Semen

Erläuterung: Paeoniae albae Radix dient der Beruhigung der Leber, Polygoni multiflori Radix stärkt Leber und Niere. Cyperi rotundus Rhizoma bringt den Qi-Mechanismus in Gang, zerschlägt Qi-Stagnationen im Bereich des mittleren und oberen Erwärmers. Unterstützt wird sie durch Chuanxiong Radix. Astragali Radix und Schizandrae Fructus stärken Qi, Schizandrae Fructus und Lycii Fructus nähren die Niere, Lycii Fructus stärkt zusätzlich Leber-Yin. Ziziphi spinosae Semen beruhigt den Geist.

Die Therapie wurde insgesamt 2 Monate durchgeführt. Nach 4 Sitzungen hatte die Patientin noch eine Migräne, danach nicht mehr.

Literatur

Drescher T. et al. (2005), „Migräne: effektive Therapie mit Akupunktur? Kommentar: Nadeln bei Migräne: nicht wo, sondern dass!", Deutsche medizinische Wochenschrift (130/50): 2914

Li W. et al. (2003), „Treatment of migraine with acupuncture at points pertaining to the liver and gallbladder channels", Journal of Traditional Chinese Medicine (23): 205-206

Riegel, Andrea-Mercedes (2009). *Bianzheng lunzhi.* Symptome und Krankheitsbilder nach chinesischen Typenmustern. München: Pflaum

Swanson, JW (2006), "Acupuncture is no more effective than sham acupuncture in the treatment of migraine", Current Neurology and Neuroscience Reports (6): 93-94

Zhong GW et al. (2009), "Acupuncture at points of the liver and gallbladder meridians for treatment of migraine: a multi-center randomized and controlled study", Institute of Combined Chinese and Western Medicine Changsha (29): 259-263

Trigeminusneuralgie in der TCM

Die Trigeminusneuralgie ist ein besonders schwieriges Indikationsfeld innerhalb der Neurologie. Allein die Diagnosestellung wirft Probleme auf, die Therapie beruht insbesondere auf der Gabe nebenwirkungsreicher Medikamente (Carbamazepin, Corticosteroide) oder operativen Eingriffen mit ungewissem Ausgang. Eine vollständige Heilung ist in der überwiegenden Mehrzahl der Fälle nicht möglich.

Der Trigeminusnerv ist ein gemischt sensibler und motorischer Hirnnerv (V. Hirnnerv). Er entspringt im Winkel zwischen Kleinhirn und Pons, verläuft an der Hirnbasis, bildet einen Nervenknoten (Ganglion Gasseri), er verlässt unterhalb und etwas hinter der Augenhöhle die Schädelbasis und verzweigt sich in drei Äste. Als vorwiegend sensibler Nerv der gesamten Gesichtsmuskulatur ist er besonders anfällig für Neuralgien in diesen Bereichen.

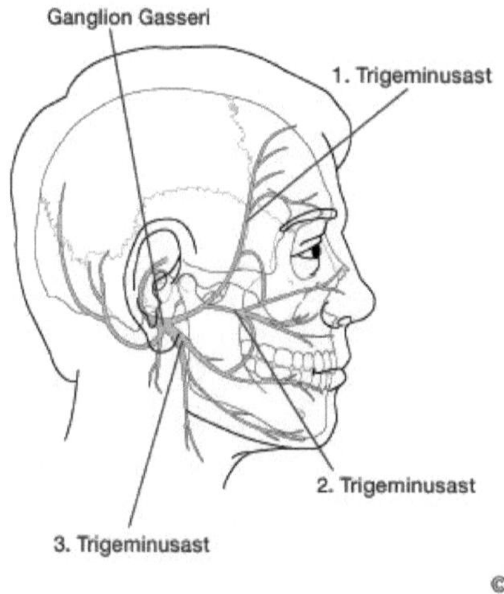

Abb 1: Verlauf des Trigeminusnervs

Symptome: Die Trigeminusneuralgie ist gekennzeichnet durch vornehmlich einseitige, plötzlich einsetzende Schmerzen von kurzer Dauer. Diese können sich allerdings häufig und rasch wiederholen und von schmerzfreien Intervallen unterbrochen sein. Die Schmerzen werden oft als „stromstoßartig“ beschrieben. Typischerweise treten die Attacken nach Berührung der Wange, der Stirn, beim Sprechen oder Kauen oder Zähneputzen auf. Teilweise können die Schmerzen auch migräneartig auftreten. Typisch ist auch das „Wandern“ von einem Ast zum anderen, so dass das Schmerzareal sich über eine ganze Gesichtshälfte unter Einschluss der Kopfhaut erstrecken kann.

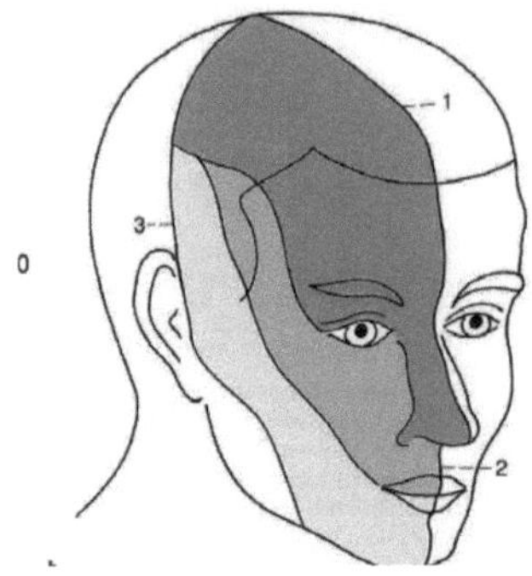

Abbildung 5 sensible Versorgung des Trigeminusnervs; Quelle: Trepel (1995): 51

Diffenentialdiagnose: Da der Trigeminusnerv weit hinten im Gehirn seinen Ursprung hat und eine längere Strecke zurücklegt, ehe er an der Schädelbasis austritt, können Tumoren Ursache für Schmerzen sein. Hier empfiehlt sich zum Ausschluss zunächst die Durchführung eines MRT (Magnetresonanztomographie). Auch andere Störungen im Bereich HNO oder Zahnmedizin sind vorab auszuschließen.

Wichtig ist die Differenzierung der Trigeminusneuralgie vom sog. „idiopathischen Gesichtsschmerz". Die Differenzierung wird insbesondere schwierige bei Befall des ersten, des Stirnastes, von der Postzosterneuralgie. Hier kann ein vorheriger Bläschenausschlag oder eine EAV Untersuchung auf Herpes Zoster Aufschluss geben. Der Cluster-Kopfschmerz zeigt ähnliche Verlaufsform wie die Trigeminusneuralgie mit anfallartigen unerträglichen Schmerzen im Wechsel mit schmerzfreien Intervallen. Beim Cluster-Kopfschmerz treten die Attacken jedoch meist nachts auf und sind auf das Auge begrenzt. Daneben kommen arthritische Veränderungen des Kiefergelenks als Differentialdiagnose in Betracht oder starke muskuläre Verspannungen der Gesichtsmuskulatur.[14]

Ursachen: Ursache für die Trigeminusneuralgie ist meist Druck im Verlauf des Nervs mit dadurch bedingter Schädigung der Myelinscheide, durch die sich der Nerv wieder spontan entladen kann. Am häufigsten sind es eng benachbart liegende Blutgefäße, zumeist Arterien, welche sich durch Arteriosklerose verdickt haben und Druck auf den Nerv ausüben. Dies ist der klassische Fall (klas-

[14] Vgl. hierzu auch Laciny (2007): 170

sische Trigeminusneuralgie).[15] Auffällig ist die Tatsache, dass die Trigeminusneuralgie im Rahmen anderer systemischer Krankheiten auftreten kann wie etwa bei der Fibromyalgie.[16]

Als weitere Ursachen können Traumata fungieren wie Schlag oder unsachgemäße Zahnextraktion. Dies ergibt sich aus der Innervierung der unteren Zahnreihe durch die sensiblen Äste des N. alveolaris inferior (unterer Ast des 3. Trigeminusastes).

Im ungünstigsten Fall lässt sich keine der genannten Ursachen ausmachen, was einen therapeutischen Ansatz besonders schwierig macht. Der Leidensdruck der Trigeminuspatienten kann allerdings derart groß werden, dass gar Suizidgedanken aufkommen können. Da weder operative Maßnahmen noch die Gabe neurologisch wirksamer Medikamente eine Lösung des Problems darstellen, lohnt sich ein Ansatz über die Naturheilkunde, v.a. über die Akupunktur als Basistherapie.[17]

Therapeutische Prinzipien der Trigeminusneuralgietherapie über die Akupunktur

Für die Therapie sind sowohl lokale Punkte als auch systemisch relevante Punkte einzusetzen. Die Stichtiefe richtet sich nach dem Typenmuster: ist die Störung im Bereich der luo-Gefäße lokalisiert, ist die Stichtiefe höher zu wählen als bei Störungen im Bereich der jing (Leitbahnen). Geeignet sind prinzipiell Nadeln der Stärke und Länge 0,25mm/0,25mm oder 0,25mm/0,40mm.

Die lokalen Punkte werden je nach betroffenem Ast gewählt, daneben für alle drei Äste Dü 19 sowie Ma 7, daneben gern auch Gb 20.

Die Punkte Ma 7 und Dü 19 eignen sich besonders in Kombination. Es sind insbesondere zwei Eigenschaften, die sie für die Nadelung bei Trigeminusneuralgie besonders wertvoll machen: Aus schulmedizinischer Sicht ist es ihre

[15] Weiter ist die Schädigung der Nervenscheide auch typisch für die Multiple Sklerose. Hier können auch beide Gesichtshälften betroffen sein. Daneben kommen Nerventumore (Neurinome) oder Gefäßbildungen (Angiome) des Hirnstamms als Ursachen in Betracht.

[16] Vgl. hierzu Riegel (2001): Fibromyalgie. Fragen und Antworten aus der Sicht der chinesischen Medizin. Aachen: Shaker

[17] Bisher findet man wenige Ausführungen zu diesem Thema in der westlichen Sekundärliteratur. Etwas enttäuschend sind die Ausführungen von Lü Shaojie, der lediglich wenige, insgesamt 4 Punkte, für die Therapie angibt unter Verzicht auf jede Typenunterscheidung.

Versorgung durch den N. Trigeminus; aus Sicht der chinesischen Medizin ist es ihre Eigenschaft, eine Verbindung zur Gallenblasenleitbahn herzustellen, denn diese macht sie insbesondere für die Typen (II) und (III) (s.u.) interessant. Die ebenfalls wichtige Wind ausleitende Wirkung teilen sie mit anderen lokalen Punkten.

Lokale Punkte nach Ästen:

<u>Oberer Ast (N. ophthalmicus):</u>

Ex 2 (EX-HN 5), 3 E 23, yüyao (EX-HN 4) (Austrittsstelle des N.ophthalmicus am foramen supraorbitale), Gb 14, Bl 2

<u>Mittlerer Ast (N. maxillaris):</u>

Ma 2 (Austrittsstelle des 2. Astes des N. maxillaris, am foramen infraorbitale), Dü 18, Di 20

<u>Unterer Ast (N. mandibularis)</u>

Ma 6, Ma 4, Ex 7 (0,5 cun neben Ren 24, Austrittsstelle des Astes N. alveolaris inferior am foramen mentale Ex HN)

Für alle lokalen Punkte eignet sich die gerade Nadelung mit Ausnahme von Gb 14 (flach nach unten oder außen) und Ma 2 (flach nach unten Richtung Ma 3) und Ex 2 (flach nach unten oder schräg nach hinten).

Die lokalen Punkte haben alle neben anderen Wirkungen auch Wind ausleitende und Schmerz stillende Funktionen, was sie für alle Typen der Trigeminusneuralgie geeignet macht. Die übrigen Punkte an den Extremitäten richten sich nach dem diagnostizierten Typenmuster. Gb 20 kann immer mit genadelt werden aufgrund der Möglichkeit, über ihn auf den Hirnstamm Einfluss zu nehmen und – aus chinesischer Sicht – aufgrund seiner Wind ausleitenden Wirkung (exogen und endogen).

Typenunterscheidung nach TCM-Theorie

Wie bei allen Schmerzsyndromen wird auch bei der Trigeminusneuralgie die Typenunterscheidung von der Schmerzqualität und den Begleitsymptomen determiniert. Wir unterscheiden zunächst exogene und endogene Ursachen damit äußere von inneren Typen.

I Wind- Kälte

Beim äußeren Wind-Kälte-Typ sind Witterungseinflüsse als Hauptverursacher oder Trigger der Schmerzsymptomatik anzunehmen.

Haupsymptome und Modalitäten: kurze Dauer, deutliche Wind-Phobie, Verschlechterung durch Zug, Besserung durch Wärme

Anm: Die Störung liegt im Bereich der *luo*-Gefäße

Puls/Zunge: Zungenbelag weißlich, Puls schwebend und straff

Therapieziel: Zerstreuen von Wind, Befreien der Netzgefäße von Blockaden.

Akupunktur: Gb 20, Dü 19, Ma 7, 1-2 lokale Punkte je nach betroffenem Ast, Di 4, Lu 7 Ma 36 + lokale Punkte (s.o.)

Ohrakupunktur: 26 a, 11, 55

Erläuterung: Gb 20 leitet Wind aus; Di 4 gilt als Hauptpunkt für die Ausleitung pathogener Faktoren, daneben hat der Schmerz stillende Wirkung im oberen Bereich des Körpers. Lu 7 hat Wind und Schleim ausleitende Funktion, sein Name „klaffende Lücke" (lieque) besagt, dass hier reines Qi zum Kopf gelangen und damit Schmerz beseitigt werden kann. In Kombination sind beide Punkte, Di 4 und Lu 7, eine ideale Kombination für Schmerzen im Kopfbereich.

II Hitze in Leber und Galle

Bei diesem Typ liegt meist eine durchgemachte Infektionskrankheit zugrunde.

Hauptsymptome und Modalitäten: Brennender Schmerz, dauerhaft ohne besondere Modalität

Zunge/Puls: rote Zunge, gelber Belag, Ränder rot; saitenförmiger Puls

Therapieziel: Ableiten von Hitze aus Leber und Galle, Stärken von Yin, Aktivieren der Blutzirkulation und Stillen des Schmerzes

Akupunktur: Gb 20, Ma 7, Dü 19, Gb 41, 3 E 5, Ma 36, Mi 6 + lokale Punkte (s.o.)

Ohrakupunktur: 98, 86, 29, 55, 11, 22

Erläuterung: Zu Gb 20 s.o.; Gb 41 und 3E 5 sind eine Standardkombination zur Ausleitung von Hitze aus den Shaoyang-Leitbahnen. 3E 5 eignet sich insbesondere auch bei residualen pathogenen Faktoren. Ma 26 dient der Aktivierung der Qi- und Blutzirkulation, ebenso wie Mi 6, der zusätzlich Yin stärkt.

III Hochschlagendes Leber-Yang

Bei diesem Typ spielt Stress eine besondere Triggerrolle.[18]

Schmerzqualität und Modalitäten: Schmerz krampfartig oder brennend, besonders bei Stressituationen auftretend

Begleitsymptome: Reizbarkeit, Bluthochdruck, Nervosität

Zunge/Puls: livide bis zyanotische Zunge, gelblicher Belag, glatte Ränder; saitenförmiger Puls

Therapieziel: Besänftigen der Leber, Stärken von Leber-Yin, Aktivieren der Blutzirkulation, Stillen des Schmerzes

Akupunktur: Gb 20, Ma 7, Dü 19, Le 2,Gb 34, Ma 36, Mi 6, Ni 2 + lokale Punkte (s.o.)

Ohrakupunktur: 98, 55, 51, 34, 11, 22

Erläuterung: Zu Gb 20 s.o.; Le 2 ist der Feuerpunkt (Sedierungspunkt) der Leberleitbahn, er leitet Hitze aus dem Leberfunktionskreis aus; Ni 2 ersetzt Ni 1 (zu schmerzhaft), der ebenfalls Feuer löschende Funktion besitzt und Yang absenken kann. Gb 34 leitet Hitze aus dem Leberfunktionskreis und besänftigt Leber-Wind. Gb 34 und Ma 36 können jeweils einseitig genadelt werden.

---

[18] Laciny nennt Leber-Hitze durch Leber-Qi-Stagnation. Vgl. Laciny (2007): 171. An der Punktewahl ändert sich nichts, man würde lediglich Le 3 Le 2 vorziehen.

IV Leber- und Nieren-Yin-Leere

Hauptsymptome und Modalitäten: Schmerz ziehend ohne besondere Modalität, besonders in Ruhe auftretend; Begleitsymptome sind unruhiger Schlaf, Nachtschweiß;

Zunge/Puls: rote trockene Zunge meist ohne Belag; feiner, fadenförmiger und schneller Puls

Therapieziel: Stärken und Nähren von Leber- und Nieren-Yin, Aktivieren der Blutzirkulation, Stillen des Schmerzes

Akupunktur: Dü 19, Ma 7, Le 8, Ma 36, Mi 6, Ni 3, Ni 6

Ohrakupunktur: 95, 98, 11

Erläuterung: Le 8 ist der Versammlungspunkt der Leberleitbahn, er stützt insbesondere Leber-Yin. Mi 6 nährt Yin ebenso wie Ni 6. Ni 3 dient der gleichzeitigen Stärkung von Nieren-Yang, da Yin und Yang im Gleichgewicht sein müssen.

Therapeutisches Vorgehen und Prognose: Die Nadelung sollte mindestens 2 mal pro Woche durchgeführt werden. Je länger die Krankheitsgeschichte, desto später wird der Therapieerfolg sich einstellen. 10 bis 15 Sitzungen müssen veranschlagt werden.

Beachte: Bei einer hartnäckigen idiopathischen Trigeminusneuralgie ist die Akupunkturtherapie allein meist nicht hinreichend, hier kann eine zusätzliche Injektoakupunktur hilfreich sein, z. B. mit Lidocain (1%) und Gelsemium comp. (Hevert) im Mischungsverhältnis 1:1in die lokalen Punkte (Ma 7, Ma 6, Dü 18, Ma 2) (s.u. Fallbeispiel).

Fall

Patient, 47 Jahre, selbstständiger Installateur; Trigeminusneuralgie seit 24 Jahren über die gesamte rechte Gesichtshälfte, mikrovaskuläre Dekompression erfolglos, keine Erreger, sonst alle neurologischen Untersuchungen o.B. *Symptome*: elektrisierende Schmerzen über die rechte Gesichtshälfte und die Zahnreihen; wechselnde Lokalisation, vornehmlich beim Sprechen. Ziehende

Schmerzen in Ruhe und nachts. Medikation: 4x3 Tabletten Timonil 300 (Carbamazepin) pro Tag.

Zunge/Puls: Zunge blass mit gelblichem Belag und Riss in der Mitte, leicht gestaute Unterzungenvenen; Puls links und rechts straff-schlüpfrig, tendenziell schnell

Anm.: Diese „idiopathische Trigeminusneuralgie" ist schwer zu typisieren. Hauptkriterium kann die ziehende Schmerzqualität v.a. nachts sein; von daher kommt am ehesten die Nieren- und Leber-Yin-Leere in Betracht. Der Puls-Zungenbefund zeigt aber, dass hier ein Mischtypus vorliegt, v.a. zwischen den Typen (2) und (4) mit Schleimbeteiligung.

Akupunktur: Gb 20, Di 4 und Lu 7 einseitig im Wechsel rechts/links, 3E 5 rechts, Gb 34 (links), Ma 36 rechts, Mi 6, Gb 41

Lokal: Dü 19, Ma 7, Ma 6 Ma 4

Anm.: die lokalen Punkte wechseln je nach Schmerzlokalisation; die systemischen Punkte wurden nach 10 Sitzungen abgeändert. Es wurden die folgenden 10 Sitzungen genadelt Ni 6, Le 3 (links), Ni 3. Dazu wurde als Regulans der Dünndarmleitbahn und Pendant zu Dü 19 Dü 3 genadelt. Danach wurde variiert zwischen den genannten Punkten, um eine Gewöhnung oder Überreizung zu vermeiden.

Therapieverlauf und Prognose: 10 Sitzungen, zweimal wöchentlich; danach leichte Besserung. Im weiteren Verlauf bis Sitzung 20 abnehmende Medikation. Seit der 15. Sitzung zusätzlich Injektoakupunktur in Ma 7 und Ma 6 oder Dü 18 je nach Lokalisation mit Lidocain (1%) und Gelsemium comp. (Hevert) im Mischungsverhältnis 1:1.

Nach einem Jahr medikamentenfreie Zeit bis 4 Wochen, danach durch schwere Erkältungskrankheit wieder Auftreten der verstärkten Schmerzen. Zurzeit noch keine wesentliche Erholung von diesem Rückfall, aber signifikant reduzierte Schmerzintensität gegenüber der Zeit vor Beginn der Therapie und lediglich 2x2 Tabletten/Tag. Die Therapie wird als Erhaltungstherapie einmal wöchentlich weiter fortgeführt.

Insbesondere das Setzen von Ohrdauernadeln an den Punkten 84, 11 und 26 a hat sich bewährt zum Weitertransport der Schmerz stillenden Wirkung der Akupunktur.

Fazit: Die Therapie der Trigminsneuralgie über die Akupunktur ist ein möglicher Weg zur Reduzierung von nebenwirkungsreichen Medikamenten. Eine Heilung ist bei langer Krankheitsdauer nicht zu erwarten, jedoch eine deutliche Steigerung der Lebensqualität.

Literatur

Becke, B. (2007), „Fallbericht atypische Trigeminusneuralgie", Deutsche Zeitschrift für Akupunktur (50): 16

Laciny, S. (2007), „Trigeminusneuralgie - Diagnose und Therapie nach TCM-Richtlinien", Schmerz & Akupunktur (4): 170-173

Lü Shaojie (2002). Akupunktur bei neurologischen Störungen. München: Urban & Fischer

Riegel, Andrea (2012). Die klassischen Akupunkturpunkte. Bedeutung-Indikationen – Wirkung. München: Elsevier

Riegel, Andrea (2009). Bianzheng lunzhi. Symptome und Krankheitsbilder nach chinesischen Typenmustern. München: Pflaum

Trepel, Martin (1995). Neuroanatomie. Struktur und Funktion. München: Urban & Schwarzenberg

Orthopädie

Das Nacken-Schulter-Arm-Syndrom in der TCM

Als Schmerzsyndrom sind Kopfschmerzen sowie Nackenschmerzen und das Schulter-Arm-Syndrom ein wichtiges Indikationsfeld für die chinesische Medizin, insbesondere die Akupunktur.

Schmerzen werden nach traditioneller Vorstellung von Störungen des Qi- und Blutflusses ausgelöst. Diese Störungen können ihrerseits basieren auf dem Einfluss pathogener Faktoren (exogen, endogen oder heterogen) oder der Disharmonie im Fließgleichgewicht zwischen den Innenorganen. Durch den

Einfluss der pathogenen Faktoren oder den behinderten Blut- und Qi-Fluss kommt es zur Blockade der Leitbahnen bzw. Netzgefäße im Bereich des Gesichts- und Kopfbereiches, was letztlich die Schmerzmanifestation ausmacht.

Nackenschmerzen

Nackenschmerzen können sich in unterschiedlicher Art und Weise manifestieren. Nach der Manifestationsart lassen sich zunächst drei Typen unterscheiden:

- 1) Nackenschmerzen, die im Nacken verbleiben und mit Bewegungseinschränkungen einhergehen. Im Allgemeinen lässt sich ein erhöhter Muskeltonus ausmachen
- 2) Nackenschmerzen, die vom Nacken in den Kopf ziehen
- 3) Nackenschmerzen, die sich vom Nacken nach lateral verteilen und Richtung Schulter-Arm ziehen

Nackenschmerzen aller drei Typen können akut oder chronisch auftreten. Der Akuttyp ist zumeist auf den Einfluss der pathogenen Faktoren Wind und Kälte zurück zu führen, also initiiert durch Zug oder Erkältung. Es ergibt sich dementsprechend für Diagnose und Therapie das folgende Bild:

I Wind-Kälte

Hauptsymptome: heftiger spannender oder stechender Nackenschmerz mit deutlicher Bewegungseinschränkung in Neigung und Rotation; Besserung durch Wärme, Verschlechterung durch Wind, Kältephobie, evtl. Fieber, Gliederschmerzen.

Zunge/Puls: weißlicher Zungenbelag, schwebender straffer Puls

Therapieprinzip: Stillen des Schmerzes, Ausleiten von Kälte, Zerstreuen von Wind

Akupunktur

Gb 20, Di 4, Lu 7, Ma 36, Mi 6

Erläuterung: Gb 20 ist lokaler Schmerzpunkt, zudem hat er, wie sein Name bereits sagt (Teich des Windes), Wind zerstreuende Wirkung. Er ist der Verbindungspunkt zwischen der Gallenblasenleitbahn und dem Yangwei-Gefäß, das Yangwei-Gefäß regiert die Körperoberfläche. Da Gb 20 beide Eigenschaften besitzt, Schmerz stillende und Wind zerstreuende, wäre er hier dem Punkt Bl 12 (Tor des Windes) vorzuziehen. Di 4 gilt als „Bagger“ für pathogene Faktoren, ist auch Fernpunkt für akute Schmerzen im oberen Körperbereich.

Lu 7 ist ein wirksamer Punkt für akute Schmerzen im Kopf-Nackenbereich, wenn der Schmerz durch Wind verursacht wurde.

Der *chronische* Typ (1) – (3) (s.o.) steht meist mit degenerativen Prozessen der HWS (Spondylarthrose) oder Bandscheibenprotrusio/prolaps im Bereich der HWS im Zusammenhang. Aber auch Traumata (Schleudertrauma) mit oder ohne Veränderungen der Wirbelstellungen fallen in diesen Rahmen. Im Sinne der chinesischen Medizin ist dies zu den *bi*-Syndromen zu rechnen, als Knochen-*bi* im Bereich der Halswirbelsäule zu bezeichnen; denn *bi*-Syndrome sind durch behinderten Qi- und Blutfluss durch Einfluss pathogener Faktoren (hier exogen Trauma, mechanisch) gekennzeichnet, die HWS gehört zum „Hauptknochen“ des Menschen, der Wirbelsäule. Das Muster sieht hier wie folgt aus:

Knochen-bi

Hauptsymptome: dauernder Nackenschmerz, evtl. Schwindel oder Kopfschmerz oder Abstrahlen Richtung Schulter

Zunge/Puls: o.B.

Therapieprinzip: Aktivieren des Blut- und Qi-Flusses in der HWS, Stillen des Schmerzes

Akupunktur: Ex 12 (Ex-B 2) am entsprechenden betroffenen Segment, Bl 11, Bl 9/Gb 20, Dü 3

Erläuterung: Zu Gb 20 s.o. Gb 20 ist insbesondere dann angezeigt, wenn Schwindel zur Symptomatik gehört. Bl 11 als Meisterpunkt der Knochen wird hier für die Therapie des Knochen-*bi* gewählt. Bl 9 als Alternative für Gb 20 ist dann angezeigt, wenn der Nackenschmerz nach oben in den Kopf abstrahlt. Er dient als Wegbereiter für den Qi-Durchfluss entlang des Nackens. Dü 3 ist ein hervorragender Fernpunkt für Schulter-Arm-Syndrom und Nackenschmerzen.

Er löst Blockaden im Verlauf der Dünndarmleitbahn im Bereich Schulter und Nacken.

Weitere mögliche Varianten der chronischen Typen (1) – (3) sind diejenigen, bei denen weder ein Trauma noch sonstige röntgenologische Befunde als Ursache der Beschwerden in Betracht kommen. Hier lassen sich aus chinesischer Sicht zwei Typen differenzieren:

Rebellierendes Qi in den Taiyang-Leitbahnen

Hauptsymptome: Nackenschmerzen, abstrahlend nach oben in den Kopf und/oder Richtung Schulter-Arm. Mögliche Begleitsymptome sind unregelmäßige Darmtätigkeit und Verdauungsbeschwerden. Erhöhter Muskeltonus ist nicht obligatorisch.

Puls/Zunge: o.B. oder straff an der Fußstelle links

Therapieprinzip: Aktivieren und Leiten des Qi und Blutflusses in den Taiyang-Leibahnen in Leitbahnenrichtung, Sillen des Schmerzes

Akupunktur: Bl 10, Dü 14/15, Dü 3, Bl 64

Erläuterung: Bl 10 (Himmelsfensterpunkt) hat die Aufgabe, aufgrund seiner Lage und seiner Eigenschaft, die Netzbahnen zu befreien, den Weg vom Nacken zum Kopf frei zu machen, das Qi frei durch die Blasenleitbahn zu leiten. Bl 64, der Quellpunkt der Blasenleitbahn, leitet das Qi der Blasenleitbahn in seine Richtung. Dü 3 ist Fernpunkt für die Schulter-Nackenbeschwerden und befreit die Dünndarmleitbahn. Dü 14, der äußere Zustimmungspunkt der Schulter, und Dü 15, der mittlere Zustimmungspunkt der Schulter (jian zhongyu), sind ausgewiesene Punkte für Schulter-Arm-Syndrom und als Dünndarmpunkte speziell für diesen Typ des rebellierenden Qi in den Taiyang-Leitbahnen besonders geeignet.

III Endogener Wind

Dieser Typ ist der „psychosomatische". Die Ursachen sind hier seelischer Natur, psychische Belastungen, die schwer auf den Schultern des Patienten lasten. In diesen Rahmen fallen auch nicht verarbeitete seelische Traumata aus der Vergangenheit des Patienten.

Hauptsymptome: Schulter-Nackenverspannungen, die durch Massage nicht zu beeinflussen sind, deutliche Verspannungen im Bereich des Trapeziusoberrandes, Verspannungen im Bereich der oberen Brustwirbelsäule (bis T4). Insbesondere auffallende Myogelosenbildung in Höhe Dü 12. Depressive Verstimmungen, Weinerlichkeit, teilweise Schuldgefühle

Puls/Zunge: Zungenfarbe tendenziell zyanotisch, Puls tendenziell hart und saitenförmig

Therapieprinzip: Besänftigen von Wind, Aktivieren des Qi und Blutflusses, Stillen des Schmerzes

Akupunktur: Gb 21 → Dü 12[19], Bl 43, Dü 11

Erläuterung: Gb 21, der „Brunnen der Schulter", hat ein weites Indikationsfeld, darunter vornehmlich Winderkrankungen. Im Gegensatz zur allgemein vorherrschenden Meinung, dass er lediglich für „exogenen Wind" angezeigt sei, hat er sich in der Praxis auch bei „innerem Wind" bewährt. Entsprechendes gilt für Dü 12. Ein deutliches Indiz für die Wirkung inneren Windes auf diese Punkte sind die Verspannungen und Myogelosen in diesem Bereich bei depressiven Patienten. Bl 43, der Zustimmungspunkt der Herz-Zwerchfell-Region, ist wie die beiden anderen Punkte, psychisch wirksam. Zu seinem Indikationsfeld gehören Unruhe, Alpträume und Nervosität. Er ist damit vor allem auch für Patienten mit nicht verarbeiteten seelischen Traumata von Bedeutung. Dü 11, „der Himmelsclan", gehört zum Himmelsbereich des Menschen und stellt über das Sternbild, das er zusammen mit Dü 12 und Dü 13 bildet, einen Bezug zum Kosmos her. Mit seiner Lokalisation in Herznähe und dem Bezug zu Himmelskörpern ist die Bedeutung des Punktes für Psyche und Soma des Menschen angezeigt.

Es ergibt sich für das Nacken-Schulter-Arm-Syndrom damit folgendes Bild:

[19] Die beiden Punkte werden sujbkutan miteinander verbunden

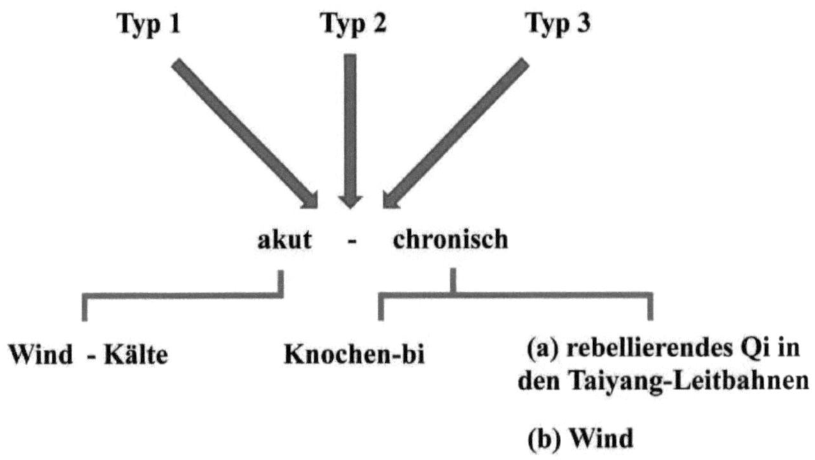

Abbildung 6Die Manifestationstypen akuter und chronischer N ackenschmerzen

Fall

Patientin, 36 Jahre, Schleudertrauma ca. 9 Monate zurückliegend, Verschiebung des 5. Halswirbels nach ventral: Schwindel, Schmerzen und Parästhesien im Bereich von Schulter und Oberarm.

Palpatorischer Befund: Verhärtungen im Bereich des Trapeziusoberrandes, insbesondere auf Höhe Dü 12, Verhärtungen im Bereich der Rotatorenmanschette

Akupunktur: Ex 12 (Ex-B 2) an C5[20], Gb 21 → Dü 12 (Nadeltechnik ableitend „die schwarze Schildkröte sucht ihre Höhle), Dü 10, Di 14, Di 4

Erläuterung: Zu Ex 12 (Ex-B 2) und Gb 21 Du 12 s.o., Dü 10 wurde gewählt aufgrund der Verhärtung im Bereich der Rotatorenmanschette, Di 14 wurde als lokaler Punkt gewählt, Di 4 als Fernpunkt.

Ergebnis: Nach zwei Sitzungen erste Reaktionen, Nachlassen der Schmerzen, Parästhesien nur bei falscher Lage auf dem Kopfkissen, danach 4 Sitzungen

[20] Die Huatuo-Linie beginnt erst mit TH 1, das Therapieprinzip kann jedoch auch im HWS-Bereich angewandt werden.

unveränderter Zustand. Ab der 7. Sitzung bis zur 9. ergab sich wieder eine Verbesserung der Situation, keine Schmerzen, Parästhesien nur gelegentlich. Die zehnte Sitzung wurde aufgrund Beschwerdefreiheit abgesagt.

Es wurden bisher verschiedene Arten akuter und chronischer Schulter-Nackenschmerzen nach Typen unterschieden: Windtypen exogen und endogen- psychogen, einen Typus Knochen-*bi*, d.h. Schulter-Nackenschmerzen verursacht durch degenerative Veränderungen der Wirbelkörper oder Protrusio/Prolaps im Bereich der HWS, sowie einen Typ Leitbahnen bezogener Schulter-Nackenschmerzen, bei dem Entgiftungsstörungen eine ätiologische Rolle spielen können (rebellierendes Qi in der Taiyang-Leitbahn). Neben diesen drei Typen gibt es weitere Möglichkeiten der Schmerzentwicklung im Schulter-Armbereich, die gesondert besprochen werden müssen. Hierzu gehören die sog. „*frozen shoulder*", das *Rotatorenmanschettensyndrom* sowie scheinbar „idiopathische" Formen des Schulter-Arm-Schmerzes, akut wie chronisch, die sich entlang der Yangleitbahnen der Hand manifestieren.

Das Rotatorenmanschettensyndrom

Das Rotatorenmanschettensyndrom, auch Subacromialsyndrom (SAS) genannt, ist ein Sammelbegriff für degenerative Veränderungen im Schulterbereich, genauer im Weichteilbereich der Schulter. Es manifestiert sich in Reizzuständen, Entzündungen und feinen Einrissen. Vor allem die Muskeln bzw. Muskel-Sehnenübergänge der Rotatorenmanschette (Mm. Supraspinatus. Infraspinatus, Teres minor und Subscapularis) sind involviert, daneben auch die lange Bizepssehne sowie die darunter liegenden Schleimbeutel. Am häufigsten betroffen sind Sportler, insbesondere Ballsportler und Tennisspieler. Daneben ist es auch ein häufiges Phänomen bei Patienten in höherem Lebensalter.

Hauptsymptome: Diffuse Schulterschmerzen bei bestimmten Bewegungen, v.a. beim Anheben, Abspreizen und Einwärtsdrehen des Arms, nächtliche Schulterschmerzen, besonders beim Liegen auf der betroffenen Schulter, schmerzhafte Bewegungseinschränkung v.a. beim Abspreizen des Arms (zwischen 60-120°), diffuses Abstrahlen in den Arm.

Obgleich in der westlichen Literatur bisher keine besonders ermutigenden Studien zur Behandlung des Rotatorenmanschettensyndroms mit Akupunktur vorliegen[21], lohnt sich auch hier der Ansatz über die Nadeltherapie.

Aus chinesischer Sicht gehört das Rotatorenmanschettensyndrom als Erkrankung, die vor allem auch Menschen in höherem Alter betrifft, zunächst zum Phänomen der sog. „50er-Schulter (*wushi jian* 五十肩)". Die 50er-Schulter wird in China traditionell gern mit einer Kombination aus drei lokalen Nadeln an der Schulter als Basis behandelt, da eine solche Kombination als besonders energiereich betrachtet wird. Sie wird entsprechend die „Drei Nadeln der Schulter" (*jian san zhen* 肩三针) genannt[22]. Als Weichteil-Schmerzsyndrom gehört es daneben zu den Obstruktions-Syndromen der Muskulatur (Muskel-*bi*). Hierfür spricht aus schulmedizinischer wieder die als begünstigender Faktor für das Rotatorenmanschettensyndrom gefundene verminderte Blutversorgung der Rotatorenmanschettenansätze.[23]

Je nach Gesamtmanifestation und Schmerzqualität lässt sich ein Fülle-*bi* von einem Leere-*bi* unterscheiden:

Muskel-bi Typ Fülle: schmerzhafte Einschränkung der Bewegung, stechende penetrante oder auch brennende Schmerzen

Muskel-bi Typ Leere: mäßige Einschränkung der Bewegung, mehr Kraftlosigkeit und schnelle Ermüdung der Bewegung, ziehende Schmerzen, die durch Ruhigstellung schnell nachlassen.

Für die Therapie sind vorab folgende Überlegungen von Bedeutung:

- beim Fülle-*bi* sind Entzündungszeichen (Hitze-Zeichen) zu erkennen, von daher ist eine Wärmeanwendung hier nicht zu empfehlen, vielmehr ist eine Kombination mit Injektoakupunktur in Betracht zu ziehen.
- Bei chronischem Rotatorenmanschettensyndrom (mehr als 2 Monate andauernd) liegt generell ein Leerezustand des *zheng*-Qi (geraden Qi) vor, so dass selbst bei bestehendem Fülle-*bi* nicht ausschließlich ableitend

---

[21] Vgl. Streitberger (1998): 45. Streitberger zieht ein durchaus positives Fazit für die Akupunkturtherapie des Rotatorenmanschettensyndroms. Leider benutzt auch Streitberger für seine Studie lediglich Standardtherapien und Standardpunkte ohne Typenunterscheidung nach chinesischen Mustern.
[22] Die Punktewahl als solche ist dabei frei, am besten eignet sich eine Kombination aus je einer Nadel vorne, hinten und in der Mitte der Schulter.
[23] Vgl. Streitberger (1998):15

genadelt werden sollte, sondern vielmehr auch Punkte mit gewählt werden sollten, die stärkend auf das gerade Qi wirken wie etwa Ma 36.

Therapieziel Muskel-bi Typ Fülle:

Ableiten der Fülle/Hitze, Stärken des Qi, Aktivieren des Qi - und Blutflusses, Stillen des Schmerzes

Akupunktur: Dü 9 oder Dü 10, Dü 13, Ex 16 (Ex-UE 12, 1 cun über der vorderen Achselfalte), Dü 6, Ma 38

An der Schulter wurden 3 Punkte gewählt, zwei dorsal einer frontal. Der frontal gelegene Extrapunkt „vorderer Schulterhügel" wirkt speziell auf die Rotatorenmanschette, Dü 10, der „Zustimmungspunkt des Oberarms" (naoshu), wirkt wie Dü 9 als lokaler Punkt; Dü 13, am Ende der Fossa supraspinata gelegen, wirkt speziell auf den M. supraspinatus und hat zu dem Hitze ausleitende Wirkung. Dü 6 macht die Netzbahnen frei und entkrampft den Bewegungsapparat. Zudem ist er aufgrund seines Namens (yang lao, „das Alter nähren") ein Punkt insbesondere für Patienten in höherem Lebensalter. Ma 38 ist ein ausgewiesener Punkt für Schulter-Arm-Syndrom.[24]

Therapieziel Muskel-bi Typ Leere:

Stärken des Qi, Aktivieren des Blut- und Qiflusses, Stillen des Schmerzes

Akupunktur: Dü 9, Dü 10, Ex 16 (Ex-UE 12), Dü 6, Ma 38 (kontralateral), Ma 36

Erläuterung: Dü 9, am Hinterrand des M. deloideus in gerader Linie zu Dü 10 gelegen, ist - wie Dü 10 - bereits über seinen Namen (naoyu „Zustimmungspunkt der Schulter") ein ausgewiesener Schulterpunkt. Ma 36 wird für die Stärkung des Qi mit kombiniert. Eventuell kann mit lokaler Wärmeanwendung kombiniert werden. In Betracht kommen Rotlicht, hydrogefiltertes Rotlicht (Hydrosun) oder Moxa, entweder an einem der Schulterpunkte oder – bei kälteempfindlichen Patienten – an Ma 36.

---

[24] Zur Wirksamkeit dieses Punktes auf das Schulter-arm-Syndrom liegen bereits seit den achtziger Jahren Studien vor. Vgl. z.B. A. Weigel (med. Diss. 1981). In Akutfällen ist Ma 38 stets kontralateral zu nadeln.

Frozen shoulder

Als *frozen shoulder* (Periarthritis humeroscapularis) wird generell eine weitgehende schmerzbedingte Einschränkung oder Aufhebung der Schulterbeweglichkeit bezeichnet. Man unterscheidet zwischen der primären idiopathischen Form und der sekundären, die durch äußere Einwirkungen (Operationen, Verletzungen im Bereich des Subakromialraumes o.ä.) oder durch Veränderungen im Bereich der Rotatorenmanschette entstanden ist. Da die primäre *frozen shoulder* einen Altersgipfel zwischen 40 und 60 Jahren hat, gehört auch sie aus Sicht der chinesischen Medizin zu den Formen der „50er Schulter".

Primäre Form

Entsprechend der Stufen der primären *frozen shoulder* lassen sich auch unterschiedliche Diagnosen aus Sicht der chinesischen Medizin stellen. In Stadium I ergibt sich durch eine Synovitis zunehmender bis unerträglicher Bewegungsschmerz und Ruheschmerz, der sich insbesondere nachts verschlechtert. In Stadium II, das bis zu 15 Monate andauern kann, lässt der Schmerz nach bei gleichzeitig deutlicher Bewegungseinschränkung, v.a. bei Rotation. In Stadium III beginnt die Lösungsphase, in der Schmerz und Bewegungseinschränkungen nachlassen durch Rückbildungen der entzündlichen Veränderungen.

Entsprechend diesen Entwicklungen unterschieden wir für

Stadium I: Hitze-*bi* im Schultergelenk, das sich in der Chronifizierungsphase (Stadium II und III) wandelt zu

→ Knochen-*bi* im Schultergelenk mit Kälte.

Hitze-bi im Schultergelenk

Hauptsymptome: Bewegungsschmerz, entzündliche Veränderung im Gelenkbereich, Ruheschmerz meist stechend oder scharf.

Therapieziel: Klären von Hitze, Aktivieren des lokalen Blut- und Qi-Flusses, Stillen des Schmerzes

Akupunktur: Ex 16 (Ex-UE 12), Di 15, Dü 10, Di 11, Di 14, Ma 38 (kontralateral)

Erläuterung: Die 3 Schulterpunkte bestehen aus Ex 16, Di 15 und Dü 10. Di 15 ist Lokalpunkt für Schulter-Arm-Syndrom und ein ausgewiesener „pain-killer" im Bereich der oberen Extremität. Di 14 wird zum Aktivieren der Blut- und Qizirkulation kombiniert; Di 11 dient der Klärung von Hitze und feuchter Hitze im Bereich der oberen Körperregion, Ma 38 ist ein ausgewiesener Punkt für Schulterschmerzen.

Knochen-bi des Schultergelenks mit Kälte

Hauptsymptome: Bewegungseinschränkung, nachlassender eher latenter Schmerz, Wärme bessert.

Therapieziel: Aktivieren des lokalen Blut- und Qi-Flusses, Stillen des Schmerzes, Wärmen von Kälte

Akupunktur: Ex 16 (Ex-UE 12), Di 15 (+ Moxa), Dü 10, Di 14, Di 7, Ma 36 (+ Moxa)

Erläuterung: Zu den 3 Schulternadeln wird Di 14 kombiniert, um den lokalen Blut- und Qifluss anzuregen. Di 7 (wenliu, die „wärmende Quelle") hat die Aufgabe, die Leitbahnen der oberen Extremität zu wärmen. Ma 36 dient der weiteren Aktivierung von Blut und Qi.

Sekundäre Form

Wichtig zu nennen sind hier arthrotische Veränderungen des Schultergelenks, Osteoporose sowie Verletzungen im Bereich der Rotatorenmanschette, v.a. im Bereich der Sehnen der an der Rotation beteiligten Muskeln. Diese ergeben sich durch Überlastrungen oder chronische Verspannungen.

Damit ergeben sich differentialdiagnostisch folgende Typen:

Knochen-*bi* im Bereich der Schulter (Arthrose, Osteoporose) und Sehnen-*bi* im Bereich der Schulter. Die Besonderheit des Knochen-*bi* ist nun, dass man jetzt unbedingt auch an die Nierenessenz denken muss.

Therapieziele:

Knochen-bi im Bereich der Schulter: Aktivieren der lokalen Blut- und Qizirkulation, Stärken der Nierenessenz, Stillen des Schmerzes

Akupunktur: 3 Schulterpunkte (s.o.), Di 14, Di 10, Ma 36, Ni 3

Di 14 und Di 10 dienen der Aktivierung der Blutzirkulation, insbesondere in Kombination mit Ma 36. Ni 3 dient der Stärkung der Nierenessenz und als *shu*-Punkt der fünf Antikpunkte ist Ni 3 auch speziell für Gelenkprobleme angezeigt.

Sehnen-bi im Bereich der Schulter: Aktivieren der Blut- und Qizirkulation, Stärken der Sehnen, Stillen des Schmerzes

Akupunktur: 3 Schulterpunkte (s.o.), Di 14, Gb 34 (kontralateral), Le 3, Ma 36 (ipsilateral)

Gb 34 ist der Meisterpunkt der Sehnen, Le 3 stärkt den für Sehnen verantwortlichen Funktionskreis „Leber" und ist als *shu*-Punkt der fünf Antikpunkte wie Ni 3 (s.o.) ausgewiesener Punkt für Gelenkprobleme.

Anm.: Wir können als Therapieziele der *frozen shoulder* stets das „Stillen des Schmerzes" formulieren, nicht jedoch „Herstellen der Beweglichkeit", denn diese lässt sich durch die Akupunktur nicht beeinflussen. Hier ist die Bewegungstherapie unerlässlich (s.u.).

Idiopathische Formen des Schulter-Arm-Syndroms

Bei den idiopathischen Formen des Schulter-Arm-Syndroms manifestieren sich Schmerzen entlang der Schulter und abstrahlend in den Arm, ohne dass sich aus schulmedizinischer Sicht ein ursächliches Ereignis ausmachen ließe oder irgendein pathologischer Befund finden ließe[25]. Sie zeigen sich resistent gegen eine Therapie durch Einreibungen oder Wärmezufuhr. Insgesamt ist es überhaupt die

[25] Es sei ausdrücklich erwähnt, dass auch beim Rotatorenmanschettensyndrom, sollte sich der abstrahende Schmerz in einer bestimmten Leitbahn manifestieren, der weitere Leitbahnenverlauf mit berücksichtigt werden sollte. Wir verwenden die reine Leitbahnendiagnostik lediglich bei den „idiopathischen" Formen der Schulter-Arm-Schmerzen.

Therapieresistenz, die uns auf ein tiefer liegendes Problem aufmerksam macht. In diesen Fällen empfiehlt sich die Diagnostik und Therapie ausschließlich über die Leitbahnen.

Das Yangming-Syndrom

Beim Yangming-Syndrom ziehen Schmerzen von der Schulter ausgehend entlang der Vorderseite des Armes bis in den Unterarm Richtung Daumen. Typischerweise ist ein Fix- und Schmerzpunkt die laterale Epicondyle, so dass differentialdiagnostisch auch an eine chronische Epicondylitis zu denken ist. Als tiefer liegende Störung kommen solche im Magen-Dickdarmbereich, also im Bereich der Yangming-Organe in Betracht.

Hauptsymptome: Schmerzen im Schulter-Arm-Bereich entlang der Vorderseite des Armes und Unterarmes Richtung Daumen, schmerzhafte laterale Epicondyle, unregelmäßige Verdauung mit meist hartem Stuhl, Tendenz zu Völlegefühl und Blähungen

Diagnostik: Druckschmerzhaftigkeit oder tastbare Verhärtung von Ma 25 (2 cun lateral des Bauchnabels), Druckschmerzhaftigkeit von Ren 12 (4 cun oberhalb des Bauchnabels)

Therapieziel: Befreien der Yangming-Leitbahnen, Harmonisieren von Magen und Dickdarm, Stillen des Schmerzes

Akupunktur: Di 15, Di 14, Di 11, Di 4, Ma 25, Ma 37, Mi 6

Erläuterung: Di 15, Di 14, Di 11 dienen dem Befreien der Dickdarmleitbahn (Yangming der Hand), Di 4 ist Fernpunkt für die Schulter-Arm-Schmerzen, Ma 25 ist der Alarmpunkt des Dickdarms, Ma 37 der untere Versammlungspunkt des Dick-darms, Mi 6 als Yinpunkt dient dem Ausgleich zwischen Yang und Yin und der Aktivierung des Säfteumlaufs.

Zusätzlich ist an eine Darmsanierung und an den Ausschluss von Parasiten zu denken, zu denen neben Candida v.a. auch Schimmelpilze gehören können.

Das Shaoyang-Syndrom

Beim Shaoyang-Syndrom ziehen die Schmerzen von der Schulter – meist der rechten - über die Mitte des Ober- und Unterarmes Richtung Handrücken. Ein besonderer Manifestationspunkt ist das Schulterblatt. Diese Besonderheit führt uns zur Annahme einer Störung im Bereich der Shaoyang-Organe Gallenblase und Dreifach Erwärmer, die sich im Bereich ihrer Leitbahnen manifestiert.

Hauptsymptome: Schulter-Armschmerzen mittig nach unten abstrahlend, Schmerzen am und unter dem rechten Schulterblatt:

Begleitsymptome: Tendenz zu migräneartigen Kopfschmerzen oder Kopfschmerzen hinter dem Auge, Übelkeit, Völlegefühl und Blähungen, tendenziell weiche Stühle

Diagnostik: Druckschmerzhaftigkeit von Gb 24 (6. ICR Mamillarlinie), Ren 5 (3 Fingerbreiten unterhalb des Nabels)

Therapieziel: Befreien der Shaoyang-Leitbahnen, Harmonisieren von Gallenblase und Dreifach Erwärmer, Stillen des Schmerzes

Akupunktur: Gb 20, Gb 21, 3E 14, 3E 5, 3E 3, Ren 5, Gb 24 (bei Druckschmerzhaftigkeit), sonst Gb 41

Erläuterung: Gb 20 befreit die Gallenblasenleitbahn, klärt Hitze der Gallenblasenleitbahn. Gb 21 ist ein Verbindungspunkt der Leitbahnen von 3E und Gallenblase sowie von Dickdarm und Yangweimai. Über ihn lassen sich 3E und Gallenblase harmonisieren, bei ableitender Nadelung auch Yang absenken. 3E 14 dient als Lokalpunkt, 3E 5 als Fernpunkt, der zudem die Netzbahnen frei macht. Ren 5 als Alarmpunkt des 3E ist indiziert bei Hitze wie Kälte im unteren Erwärmer, er dient damit der Regulation in diesem Bereich. Zudem tritt hier das Qi des Konzeptionsgefäßes an die Oberfläche, der Qi-Fluss wird durch die Stimulation des Punktes im unteren Erwärmer damit angeregt, Stauungen beseitigt. Gb 41 leitet Hitze aus der Gallenblasenleitbahn, insbesondere in Kombination mit 3E 5.

Zusätzlich kann sich die Gabe von den Gallefluss anregenden Phytotherapeutika oder Homöopathika (Artischocke, Chelidonium[26], Taraxacum) oder Silymarin empfehlen.

Das Taiyang-Syndrom (s.o. rebellierendes Qi in den Taiyang-Leitbahnen)

[26] Cave bei Cholelithiasis.

Fazit: In der westlichen Sekundärliteratur wird die Therapie des Schulter-Arm-Syndroms über die Akupunktur im Allgemeinen nicht besonders positiv bewertet; dies, obgleich die Therapie der Periarthritis humeroscapularis von der WHO eigens als Indikation für die Akupunktur aufgeführt wird. Die negative Resonanz oder anders gesagt, die negativen Resultate mögen daran liegen, dass die durchgeführten randomisierten Doppelblindstudien stets von Standardtherapien ausgehen, niemals von einer Differentialdiagnose nach chinesischen Typenmustern. Wir haben gesehen, wie viele Typen man beim Nacken-Schulter-Arm-Syndrom unterscheiden kann, wie differenziert man auch aus schulmedizinischer Sicht an die Betrachtung des Phänomens herangehen muss, um Ursachen und Zusammenhänge zu erkennen und damit die richtige Therapie zu finden. Insgesamt hat die Behandlung von Nacken und Schulter-Arm-Schmerzen in der Praxis über Akupunktur und evtl. unter Zusatz von Injektoakupunktur (v.a. beim Rotatorenmanschettensyndrom) oder Wärme gute Resultate gezeigt. Nach 6 bis 8 Sitzungen waren die Schmerzen meist verschwunden. Auch das psychogene Nacken-Schulter-Arm-Syndrom zeigt gute Reaktionen, die psychische Wirkung der gewählten Punkte konnte sich durchaus entfalten. Eine kombinierte Gesprächstherapie ist in diesem Fall jedoch zusätzlich zu empfehlen. Anders verhält es sich bei der *frozen shoulder*. Hier ist die Erfolgsquote bisher nicht so hoch, d.h. die Anzahl der notwendigen Sitzungen liegt doch deutlich höher. Zudem besteht hier das Problem, dass die Akupunktur nur bei Schmerzen, nicht aber für die Beweglichkeit hilfreich ist. Von daher ist hier eine kombinierte Therapie aus physikalischer Therapie und Akupunktur nicht nur zu empfehlen, sondern für den therapeutischen Erfolg notwendig.

Literatur

Hempen, Carl-Hermann (2006.) DTV-Atlas Akupunktur. München: DTV

Riegel, Andrea (2009). Bianzheng lunzhi. Symptome und Krankheitsbilder nach chinesischen Typenmustern. München: Pflaum

Riegel, Andrea (2012). Die klassischen Akupunkturpunkte. Bedeutung – Indikationen – Wirkung. München: Elsevier

Riegel Andrea (2006), „Leitsymptom Kopfschmerz. Differentialdiagnose und Therapie nach den Prinzipien der TCM“, Comed 11/12 2006

Streitberger, Konrad (1998). Akupunktur in der Therapie des Rotatorenmanschettensyndroms bei Sportlern (Diss. Heidelberg)

Wang, W. (1995), „78 cases of periarthritis treated with acupuncture”, Journal of Traditional Chinese Medicine 15: 46-47

Wang, J. et al. (1993), “Behandlung von Periarthritis humeroscapularis mit Akupunktur und Akupunkturblockierung mit intrakutanen Injektionen”, Zeitschrift für TCM 4: 244-245

Weigel, A. (1981). Die Behandlung der Periarthritis Humeroscapularis durch Akupunktur des Punktes Tiaokou. (Diss. Düsseldorf)

Osteoporose in der TCM

Die Osteoporose ist ein Leiden, das vor allem ältere Menschen betrifft, insbesondere Frauen in der Postmenopause. Sie ist gekennzeichnet durch einen gesteigerten Knochenabbau bei vermindertem Aufbau. Folge des Knochenabbaus sind diffuse Rückenschmerzen, Klopfschmerzen in den betroffenen Knochen, zunehmende Kyphose der BWS (der sog. „Witwenbuckel“), Neigung zu Frakturen, vor allem des Oberschenkelhalses oder von Wirbelkörpern. Die Ätiologie ist weitestgehend unbekannt, es stehen jedoch aktuell zwei Theorien in Konkurrenz zueinander:

1. Die Kalzium-Theorie

Sie sieht die Osteoporose als primäre Kalzium- oder Knochenstoffwechselstörung.

2. Die Östrogenmangeltheorie

Sie sieht den Osteoporosebeginn in der Postmenopause wenn die Östrogenproduktion stark absinkt.

Richtig dürfte die Annahme sein, dass die Osteoporose ein Geschehen mit multifaktorieller Ätiologie ist, wobei auch die genetische Disposition eine gewisse Rolle spielt. Schulmedizinisch werden verschiedene Formen der Osteoporose nach ihrem pathogenetischen Aspekten unterschieden.

A Primäre Osteoporose

Sie bezeichnet den Knochenabbau (Osteoklastentätigkeit) und Störungen des Kalziumstoffwechsels unter Mitbetroffensein des gesamten Skeletts. Sie entsteht meist idiopathisch. Die primäre Osteoporose wird unterteilt in die juvenile Form (v.a. bei Gravidität) und in die senile Form (Postmenopause).

B Sekundäre Osteoporose

Sie basiert auf anderen Grunderkrankungen. Typischerweise beginnt sie am Stammskelett und breitet sich zentrifugal aus. Man unterscheidet hier

a) die Inaktivitätsosteoporose (Hemiplegie, Bettruhe)
b) die Mangelernährungs-Osteoporose (bei MAS, chron. Eiweiß- und Kalorienmangel)
c) die endokrine metabolische Osteoporose (M. cushing, Hyperthyreose, Hyperparathyreoidismus, Akromegalie, Diabetes mellitus)
d) die immunogene Osteoporose (rheumatoide Arthritis, M. Crohn)
e) die myelogene, onkologische Osteoporose (Plasmozytomn, Knochenmarkskarzinose etc.)
f) die iatrogene, medikamentöse Osteoporose (Heparine, Glucokortikoide, Schilddrüsenhormone, Laxantien etc.)

In der TCM zählt die Osteoporose wie auch die Osteomalazie zu den Knochenerkrankungen. Die Knochen unterliegen nach traditionellem Verständnis der Zuständigkeit der Niere (*Suwen*[27] 44, Lingshu 78). Die Niere „speichert das Qi des Knochenmarks" (*Suwen* 18). Die Knochen, d.h. ihre Kraft und Festigkeit, sind von der Niere und deren Qi und deren materieller Grundsubstanz, der Essenz, abhängig. Die Wirbelsäule, der „Hauptknochen" des Körpers, wird von der Niere direkt über die Nieren-Leitbahn versorgt, so die Aussage des *Lingshu*: „Die Shaoyin-Leitbahn des Fußes (...) durchzieht die Wirbelsäule, sie gehört zur Niere und nimmt über Netzgefäße Kontakt zur Blase auf". (*Lingshu* 10)[28]

Der Zusammenhang zwischen Niere und Knochen wird schulmedizinisch wiederum über die Rolle der Niere im Rahmen der Kalziumhomöostase nachvollziehbar.

[27] *Suwen* und *Lingshu* sind die beiden Teile des *Huangdi Neijing*.
[28] *Lingshu yishi* (1997): 107

Die moderne TCM-Forschung

Basierend auf dem in den klassischen Werken hergestellten Bezug zwischen Knochen und Niere und den innerhalb der Schulmedizin bekannten Zusammenhänge zwischen Niere und Kalziumhomöostase wurden im chinesischen Sprachraum (VR China und Taiwan) Studien zur Bedeutung der verschiedenen Aspekte des Nierenfunktionskreises für den Mineralienhaushalt und die Stabilität der Knochen durchgeführt. Die grundlegende Erkenntnis ist aktuell die, dass eine Nieren-Leere prinzipiell mit einer Störung der neuroendokrinen Achsen (Hypothalamus-Hypophyse-multiple Effektordrüsen) assoziiert ist. Deren Hauptmerkmal ist ein reaktives systemisches physiologisches Ungleichgewicht. Man nimmt heute an, dass bei Patienten mit Nieren-Leere das Problem bei einer Hypophysenunterfunktion liegt, wobei eine verminderte Ausschüttung von Wachstumshormon, Östrogenen oder Androgenen der Kalzium- und Magnesium-Stoffwechsel beeinträchtigt wird und somit die Knochendichte und der Mineraliengehalt der Knochen abnehmen. (Cai Xinji 1994) Neue Studien ergaben, dass vor allem Patienten mit Nieren-Qi- und Nieren-Yin-Leere zu Osteoporose neigen. (Chen YY., 1999) Dementsprechend wurden spezifische Nieren tonisierende Rezepturen auf ihre Wirksamkeit bei Osteoporose getestet. Testpersonen waren Frauen der Postmenopause (44-65 Jahre) sowie Männer der gleichen Altersgruppe. Es zeigte sich bei allen gestesteten Rezepturen nach einer Behandlungsdauer von 6 bis 8 Monaten ein deutlicher Anstieg der Hormone FSH, LH, C-Telopeptid und Ösdtradiol im Serum sowie ein Anstieg des Mineraliengehaltes der Knochen bei deutlicher Reduzierung der Osteoporose bedingten Schmerzen. (Xie Yingming 1997)

Die Ergebnisse waren deutlich besser als bei Patienten, die nur mit Vitamin D3 und Kalzium behandelt wurden.

Prinzipien der Osteoporose-Behandlung und -Prävention

Die Niere ist das Hauptorgan für die Knochen, sie ist auch die Wurzel der ersten Lebensquelle. Um selbst mit ihrer Essenz die Knochen ernähren zu können, ist die von der Essenz der zweiten Lebensquelle, d.h. der Nahrungsessenz, abhängig. Die Filterung der Nahrungsessenz ist Aufgabe der Wurzel der zweiten Lebensquelle, der Milz. Für die Osteoporose-Behandlung wie für die -Prävention sind daher wichtig eine richtige nährstoffreiche Ernährung und die Stärkung der Milz. Dies gilt insbesondere für Patienten im höheren Lebensalter; denn das Senium wird von der Milz regiert, der Stoffwechsel nähert sich im

Alter wieder dem kindlichen, d.h. Milz/Magen bedürfen der besonderen Stärkung.

Sekundär ist für die Osteoporose-Behandlung und –Prävention eine Stärkung des Blutes von Bedeutung, da die Versorgung der Knochen mit Nährstoffen über das Blut erfolgt. Um die Versorgung mit Blut letztlich zu gewährleisten, bedarf es einer Anregung der Qi- und Blutzirkulation; dieses Prinzip ist in der Aussage des *Lingshu* bereits enthalten, dass die Wirbelsäule von der Nieren-Leitbahn versorgt wird. Fließt das Qi der Nieren-Leitbahn nicht, können auch die Wirbelsegmente nicht ausreichend versorgt werden.

Es ergeben sich aus dem gesagten folgende Hauptprinzipien für Prävention und Therapie der Osteoporose:

1. Stärken der Niere (Nieren-Qi und Nieren-Yin)
2. Stärken der Milz
3. Nähren von Blut
4. Aktivieren der Qi- und Blutzirkulation
5. Stillen des Schmerzes

Für die Erreichung des Behandlungszieles stehen in der TCM folgende Möglichkeiten zur Wahl: Kräutertherapie, Ernährung, Bewegungstherapie (Qigong, Taiji quan)

Kräutertherapie

Eine hochwirksame Fertigrezeptur für die Oseoporose-Behandlung sind die bekannten *Liuwei dihuang wan* („Sechs-Ingredienzien-Pellets), bestehend aus:

Corni Fructus, Dioscoreae Rhizoma, Alismatis Rhizoma, Poria cocos, Moutan Cortex radicis, Rehmanniae glutinosae Radix praeparata

Erläuterung: Corni Fructus stärkt Leber und Niere, Dioscorea Radix und Poria cocos stärken Niere und Milz, Rehmanniae glutinosae Radix praeparata nährt vornehmlich Leber- und Nieren-Yin. Moutan Cortex radicis nährt Herz, Leber und Nieren, regt die Blutzirkulation an und kühlt Blut. Alismatis Rhizoma wirkt diuretisch.

Weitere wichtige Einzelkräuter sind →

►Zum Nähren und Wärmen der Niere und Stärken von Blut

Psoraleae Semen, Colla plastri Testudinis, Schizandrae Fructus, Cibotii Rhizoma, Achyranthis bidentatae Radix, Cuscutae Semen, Angelicae sinensis Radix, Paeoniae albae Radix und Ziziphi jujubae Fructus zum Nähren von Blut.

Ernährung

Im Rahmen der Ernährung sind vor allem Soja-Isoflavone wichtig. Diese können über Sojabohnen und –Sprossen, Sojamilch und Tofu zugeführt werden. Weitere Lebensmittel, die den o.g. Therapiezielen dienlich sind, sind: Reis, Hülsenfrüchte, grünes Gemüse, Geflügel, lang gekochte Fleisch- oder Gemüsesuppen. Fleischsuppen sollten so lange gekocht werden, bis das Fleisch zerfällt, Knochen sollten mitgekocht werden, um das Mark zu gewinnen. Als Gewürze sind geeignet Basilikum, Bohnenkraut und frischer Koriander zum Wärmen von Milz/Magen sowie frischer Ingwer und Liebstöckel zum Anregen der Qi- und Blutzirkulation. Kontraindiziert sind solche Lebensmittel, die geeignet sind, „Verschleimungen" zu provozieren und so die Milz in ihrer Funktion zu stören. Es sind dies z.B. frische Kuhmilch (pasteurisiert), Käse (v.a. Briesorten), Bananen.

Bewegung

Bewegung stellt einen wichtigen Pfeiler in Prävention und Therapie der Osteoporose dar. Qigong und Taiji quan sind geeignet, die Sehnen und Leitbahnen zu dehnen und die Qi-Zirkulation zu aktivieren.

In der Prävention ist eine grundlegende Umstellung der Ernährung auf die Zufuhr bestimmter Lebensmittel sowie regelmäßge Bewegung unerlässlich. Die Osteoporose-Therapie mittels Kräutertherapie muss in der Anfangsphase über einen Zeitraum von mindestens sechs Monaten erfolgen. In der Folgezeit ist eine kurmäßige Anwendung der Kräutertherapie übe ca. 6-8 Wochen dreimal jährlich angezeigt.

Literatur

Cai Xinjin et al. (1994), „Shenxu zheng huanzhe gu kuangwu hanliang gaibian ade chubu taolun“ („Diskussion zur Veränderung des Mineraliengehaltes der Knochen von Patienten mit Nieren-Leere“), Chinesische Zeitschrift für kombinierte chinesische und westliche Medizin 14(3): 154-155

Chen Y. et al. (1994), „Effects of liuwei dihuang wan and some other TCM drugs on bone biomechanics and serum 25(OH)D3 contents in rats”, Journal of Traditional Chinese medicine 14(4): 298-302

Chen YY. et al. (1999), “The association between postmenopausal osteoporosis and kidney-vacuity syndrome in traditional Chinese medicine”, The American Journal of Chinese medicine 27(1): 25-35

Lian Yu-Lin (1999), “Die schmerzende Wirbelsäule aus Sicht der Traditionellen Chinesischen Medizin TCM“, in: Die schmerzende Wirbelsäule. Akupunktur im Dialog. Stuttgart: Hippokrates 27-32

Lingshu yishi (1997). (Moldern übersetzte und kommentierte Ausgabe de Spirituellen Säule). Shanghai: Shanghsi kexue jishu chubanshe

Xie Yingming et al. (1997), „Bugu shengsui jiaonang zhiliao shenyang xuzheng yuanfaxing guzhi liusongzheng de linzhuang janjiu“ („Klinische Untersuchungen zur Therapie der primären Osteoporose bei Nieren-Yang-Leere mit Bugu Shengsui Kapseln“), Chinesische Zeitschrift für kombinierte chinesische und westliche Medizin 17(9): 526-530

Zhao Gang et al. (2003), „25 Fälle postmenopausaler Osteoporose behandelt mit einer Nieren tonisierenden Rezeptur“, Zeitschrift für TCM 2

Psychosomatik

Fibromyalgie in der TCM

Die Fibromyalgie ist ein Krankheitsbild, das einen immensen Komplex an körperlichen und psychischen Beschwerden zusammenfasst, die auf den ersten Blick keinen Bezug zueinander haben. Zu rheumatischen Schmerzen v.a. im Bereich der Muskel-Sehnen-Ansätze gesellen sich Beschwerden aus dem

Bereich der inneren Medizin und Müdigkeit sowie Depressionen auf psychischer Seite. Die Tatsache, dass sich so etwas wie die typische „Fibromyalgie-Persönlichkeit“ ausmachen lässt – psychisch und physisch überfordert und doch geduldig hinsichtlich der eigenen Situation – die Gesamtsymptomatik der einer larvierten Depression ähnlich kommt, führte zu der ursprünglichen Einordnung der Fibromyalgie in den rheumatischen Formenkreis als „psychosomatischer Weichteilrheumatismus“. Inzwischen hat man erkannt, dass doch nicht nur die Psyche als Ursache oder Auslöser des Fibromyalgie-Syndroms verantwortlich gemacht werden kann, weshalb sie heute als eigenständiges Krankheitsbild anerkannt wird – als „Schmerzsyndrom“, da die Schmerzsymptomatik als im Vordergrund stehend betrachtet wird. Die Diagnose der Fibromyalgie beruht – in Ermangelung objektiver Parameter im Blut – nach wie vor auf den von der ACR (American College of Rheumatology) 1990 festgelegten 18 Tenderpoints. Die 18 Tenderpoints sind paarig am Körper angeordnet (s. Abb.). Für die Diagnose müssen 11 dieser 18 Tenderpoints bei einem Druck von 4 kp als druckschmerzhaft angegeben werden. Das Problem? Die Punkte werden in der Literatur unterschiedlich angegeben, sie sind fast alle identisch mit Akupunkturpunkten, diese reagieren bei entsprechendem Druck meist schmerzhaft.

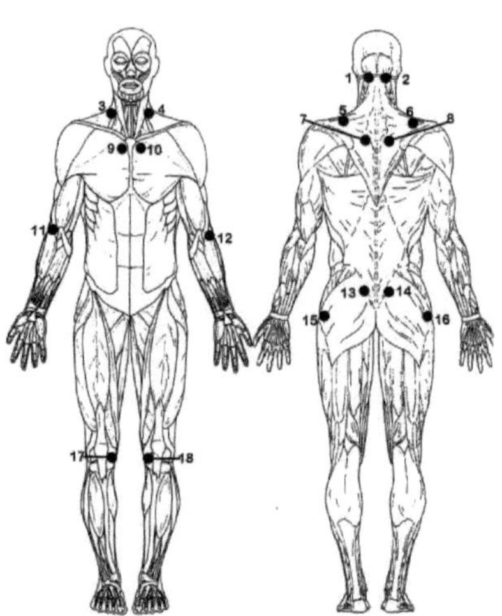

Abbildung 7 Die Verteilung der Tenderpoints

Erklärungsmodelle

Auf der Suche nach den Ursachen der Fibromyalgie-Beschwerden wurden verschiedene Entdeckungen gemacht und unterschiedliche Erklärungsmodelle daran geknüpft:

• niedriger Serotoninspiegel

Bei Fibromyalgie-Patienten konnte ein niedriger Serotoninspiegel nachgewiesen werden. Serotonin leitet die Tiefschlafphasen ein und ist unser „Glückshormon". Viele Mediziner knüpfen daran die These, dass durch mangelhaften Tiefschlaf die Schmerzempfindlichkeit erhöht werde und gleichzeitig zwei andere Hautpsymptome der Fibromyalgie mit verursacht seinen, die Infektanfälligkeit durch mangelnde Regeneration des Immunsystems und Depressionen;

• Mangel an Substanz P im Liquor

Der Mangel an Substanz p im Liquor wird wie der niedrige Serotoninspiegel als ursächlich für eine veränderte Schmerzempfindung und –verarbeitung gesehen;

• Hormone

Die Fibromyalgie betrifft vornehmlich Frauen zwischen dem 40. Und 60. Lebensjahr, d.h. im Zeitraum des Klimakteriums. Diese Tatsche führt einige Forscher dazu, die hormonelle Umstellung als mitverantwortlich für die Fibromyalgie zu sehen;

• Trauma

Die allermeisten Fibromyalgie-Patienten können auf eine Krankheitsgeschichte im Bereich der Wirbelsäule oder der Bandscheiben zurückblicken. Oftmals ergibt die Anamnese ein durchgemachtes Schleudertrauma oder einen Unfall mit Erschütterung der Wirbelsäule. Auch psychische Traumen, d.h. traumatische Erlebnisse wie Verlust vertrauter Personen oder Kriegswirren, spielen eine Rolle in der Ätiopathogenese;

• Durchgemachte Infektionen

Neuere Forschungen ergaben, dass bestimmte Erreger (Viren, Bakterien) mit auslösend für die Fibromyalgie-Symptomatik sein oder sie triggern können. Hervortretend sind v.a. Borrelien (die Borelliose macht eine ähnliche Symptomatik wie die Fibromyalgie), Chlamydien, Yersinien, das EBV-Virus, Herpes Typ 6, Herpes zoster, das Zytomegalie-Virus u.a.;

• Umweltgifte

Der wohl umstrittendste Fatktor bei der Fibromyalgie ist die Rolle von Umweltgiften, v.a. von Schmermetallen (Amalgam, Quecksilber, Cadmium u.a.). Der Toxikologie D. Klinghardt stellte einen engen Zusammenhang zwischen Quecksilber-Verrgiftung und Fibromyalgie her aus der Tatsache heraus, dass bei Fibromyalgie-.Patienten Quecksilber im Gewebe nachgewiesen werden konnte und eine Ausleitung eine entsprechende Besserung der Beschwerden nach sich führte. Dafür spricht auch die Tatsche, dass Quecksilbervergiftungen und die Fibromyalgie-Symptomatik in den meisten Punkten übereinstimmen. Auch die Überempfindlichkeit gegenüber chemischen Stoffen und Gerüchen (Abgase, Pestizide, künstliche Aromen Konservierungsstoffe) wie beim MCS könnte ein Hinweis auf eine solche Grundbelastung sein. Selbst der niedrige Serotoninspiegel ließe sich über Quecksilberpräsenz erklären: der Grundbaustein des Serotonins, das Tryptophan, wird von Quecksilber angegriffen. Frauen verfügen über einen höheren Anteil an Bindegewebe als Männer, also über ein höheres Depot für Quecksilber.

Ist die Fibromyalgie vererblich?

Die Frage nach einer erblichen Disposition ergibt sich allein aus der Tatsache, dass nicht nur Frauen mittleren Alters betroffen sind, sondern mit zunehmender Häufigkeit auch bei Kindern die Diagnose „Fibromyalgie" gestellt wird. Auch eine familiäre Häufung spricht für eine erbliche Komponente. Der Biochemiker Dino Celeda konnte nachweisen, dass bei den meisten der von ihm untersuchten Patienten Gendefekte vorliegen, die eine ausreichende Produktion von Enzymen durch Leber und Niere für die Ausleitung von Schwermetallen (SOD2 und Glutathion-S-Transferasen) verhindern. Dies würde wieder für die Mitverantwortlichkeit von Schwermetallen bei der Fibromyalgie sprechen.

Es läßt sich letztlich nicht definitiv ausmachen, was für die Auslösung der Fibromyalgie verantwortlich ist. Es kann sich nicht um eine einzige Ursache handeln. Dafür spricht allein der lange Zeitraum (bis zu 30 Jahre), der sich erstrecken kann zwischen ersten Anzeichen und der Diagnose. Die Fibromyalgie ist vielmehr ein multifaktorielles „umweltinduziertes" Krankheitsbild.

Was sagt die TCM zur Fibromyalgie?

Eine Aufstellung der Symptomatik im Vergleich Schulmedizin/TCM nach dem Fünf-Phasenmodell ergibt folgendes Bild:

Müdigkeit und Erschöpfung	Qi (Schwäche und Mangel)
Diffuse Ganzkörper- und Gelenkschmerzen	*bi*-Syndrom
Atemnot	Lungen-Yin-Mangel oder Lungen-Hitze
Reizhusten	Lungen-Yin-Mangel oder Lungen-Hitze
Verschleimte Bronchien	Lungen-Yin-Mangel oder Lungen-Hitze
Arrythmie und Herzrasen	Disharmonie zwischen Niere und Herz
Druckgefühl im Thoraxbereich	Stau des Leber-Qi
Depression	Milz-Qi-Schwäche
Schleimstühle	Milz-Qi-Schwäche
Diarrhoe	Milz-Qi-Schwäche
Blähungen	Milz-Qi-Schwäche
Hämatomneigung	Milz-Yin-Schwäche
Ödeme (Gesicht oder Extremitäten)	Lungen-oder Milz-Qi-Schwäche
Infektanfälligkeit	Lungen- und Milz-Qi-Schwäche
Tinnitus (pfeifend schrill)	Hitze in Leber-Galle
Tinnitus (rauschend oder wie Mücke)	Nieren-Yin-Mangel
Verminderte Hörfähigikeit	Nieren-Yin-Mangel
Verminderte Sehfähigkeit	Leber-Yin-Mangel
Trockene Schleimhäute	Yin-Mangel oder -Leere
Vergesslichkeit, Wortfindungsstörungen	Mangel an Herz-Blut oder Nieren-Jing
Schilddrüsenüberfunktion	Nieren-Yin-Mangel
Dysmenorrhoe	Nieren-Leber-Yin-Mangel oder Qi Stau
Metrorrhagien	Qi-Schwäche oder Blut-Hitze
Verminderte Libido/Potenzprobleme	Nieren-Yang-Schwäche
Karpaltunnelsyndrom	Blockade der Leitbahnen Lunge/Perikard

Nicht eindeutig zuzuordnende Symptome und Befunde:
Migräneartige Kopfschmerzen deuten auch Blockaden der *Shaoyang*-Leitbahn, auf stagnierendes oder rebellierendes Qi der *Shaoyang*-Leitbahn

Trigeminusneuralgie (häufige Art Kopfschmerz)

Es gibt die Unterscheidung Schleim-Feuer (brennend), Hitze in Leber und Galle (krampfartig), Qi- und Blutstau (stechend);

Schlafstörungen

Schlafstörungen und vor allem traumreicher Schlaf sind ein Zeichen von mangelndem Leber-Yin; Durchschlaf- und Einschlafstörungen weisen im Wesentlichen auf eine Disharmonie zwischen Herz und Niere hin.

Konzentrationsschwäche

Konzentrationsschwäche ist Zeichen für mangelndes Herz-Blut oder mangelndes Nieren-*Yin*.

Ischialgie

Ischialgie zeigt Hitze oder *Qi*-Stagnation in der Taiyang- oder Shaoyang-Leitbahn (Blasen- oder Gallenblasen-Leitbahn) je nach Verlaufsrichtung und Art des Schmerzes. Stechende Schmerzen weisen auf Qi-Stagnationen, brennende auf Hitze. Die Ischialgie kann auch Ausdruck eines geschwächten gesunden Qi sein, wenn die Schmerzen nach körperlicher Anstrengung auftreten und nach einer Ruhepause wieder nachlassen. Gleichzeitig besteht hier geistige Schwäche und Schwäche in den unteren Extremitäten. Permanentes latentes Ziehen von der Lumbalgegend ausgehend mit kalten Füßen deutet auf einen Nieren-*Yang*-Mangel.

Herzklopfen, Herzrhythmusstörungen

Herzklopfen, Vergesslichkeit, Benommenheit, Kurzatmigkeit, leichter Schweißneigung können Zeichen für Herz- und Milz-Qi-Schwäche sein.

Konjunktivitis

Konjunktivitis kann sich ergeben durch Hitze im Herz-Funktionskreis, Qi-Schwäche, Mangel an Nieren-Yin, aufsteigendes Leber-Yang oder Leber-Feuer.

Bandscheibenprolaps, Bandscheibendegeneration

Die Zwischenwirbelscheiben gehören zum Bindegewebe, sie obliegen damit der Versorgung durch die Milz, aber auch und vor allem durch die Niere. Frühzeitige Degeneration ist Ausdruck eines unzureichenden Nieren-*Qi* und einer unzureichenden Nieren-Essenz.

Das Symptomenbild der Fibromyalgie-Patienten zeigt eine Mitbeteiligung aller Speicherorgane mit deutlicher Konzentration auf die Funktionskreise Leber, Niere und Milz unter Einbeziehung in zweiter Linie von Lunge/Dickdarm. Der Herz-Funktionskreis ist diesem Bild zufolge sekundär betroffen. Störungen im Herz-Funktionskreis sind zumeist eine Folge weitergeleiteter Hitze aus dem Leber-Funktionskreis oder einer Disharmonie zwischen Niere und Herz. Am Ursprung stehen bei der Fibromyalgie stets Disharmonien in den Funktionskreisen Leber und Niere. Die Leber ist meist „Hitze“ belastet, die Niere im „Leerezustand“.

Die Betrachtung der *Entstehungsmechanismen* ergibt, dass **Entstehungsmechanismus und Symptomatik in einem gegenseitigen Abhängigkeitsverhältnis zueinander stehen**. Weit vor der Diagnose „Fibromyalgie“ stehen arthralgische Beschwerden oder Wirbeslsäulenbeschwerden. Pathogene Faktoren (Wind, Kälte, Feuchtigkeit) dringen über die Körperoberfläche zuerst in den Bewegungsapparat und verursachen dort Obstruktions-Symptome (*bizheng*), die dann langfristig ins Innere der Organe weitergeleitet werden; eine zweite Möglichkeit ist der direkte Angriff auf die Innenorgane (Viren, Bakterien), wodurch sich wieder Symptome an der Körperoberfläche ergeben können.

Die Psyche kann in der Entstehungsgeschichte eine wichtige Rolle spielen, es können damit auch endogene Faktoren (Emotionen) die Funktionen der Organsysteme stören. Die Symptomatik, die sich daraus entwickelt, sind zum einen wiederum Schmerzzustände, die zu den *bizheng* gehören (arthralgische Schmerzen), und auf der anderen Seite psychische Veränderungen wie Verzweiflung, Depression, Ängste.

Die Studie von 2000 ergab, dass sich zwei große Untertypen der Fibromyalgie ausmachen lassen: der Fülle-Typ, bei dem „Hitze“ in der Leber eine gewichtige Rolle spielt, und der Leere-Typ, bei dem vornehmlich eine „Leere“ im Nierenfunktionskreis ätiologisch relevant ist. Schulmedizinisch betrachtet handelt es sich bei Patienten des „Fülletyps“ vornehmlich um solche Patienten, bei denen Vergiftungen und Leberfunktionsstörungen eine ätiologische Rolle spielen, während bei den Patienten des Typs „Leere“ eine Schilddrüsenproblematik (Hypo-Hyperthyreose, Hashimoto-Thyreoiditis) sowie Nierenfunktionsstörungen vordringlich sind.

Fall:

Patientin, 62 Jahre, ehemalige Bankangestellte (bis 1977), dann Hausfrau; Fibromyalgie-Diagnose seit 1994

Anamnese

Die Patientin berichtet von schwieriger Kindheit. Der Vater starb früh, sie erlebte als dreijähriges Kind Fliegerangriffe mit, hatte als Kind einen schweren Unfall. Sturz vom Fahrrad mit Verletzung eines Schneidezahnes, die durch Einsetzen eines Metallstiftes behandelt wurde.

Bandscheibenvorfall L 4/5 mit neurologischen Ausfällen vor 1993. 1993 Auffahrunfall mit Erschütterung der gesamten Wirbelsäule ohne Bruch, in der Folge starke Ganzkörperschmerzen sowie Schlafstörungen mit höchstens 2 Stunden Schlaf in der Nacht. Hauptschmerzpunkt heute ist BW 7 (Head´sche Zone für Pankreas, Langerhans´sche Inseln, Duodenum, nach TCM Bezug zu Organen oberhalb und unterhalb des Zwerchfells). Derzeit (2001) physische und psychische Überforderung durch die häusliche Pflege der anstrengenden Mutter.

Starke Arthrosen in der HWS, die Hände sind rheumatisch verformt.

Sanierungsbedürftige Zahnherde: 16 (energetische Beziehung zu den Leitbahnen von Lunge und Dickdarm, Hypophysenhinterlappen, Dickdarm rechts, Lunge links) und 17 (energetische Beziehung zur Milz/Pankreas-Leitbahn, Schild- und Nebenschilddrüse) hatten Sprünge, wurden gezogen, 14 (energetische Beziehung zu den Leitbahnen von Leber und Gallenblase, Auge, Leber rechts, Gallenblase, Hypophysenhinterlappen) Wurzelspitzenoperation nach Kieferhöhlenoperation, Restostitis ist vorhanden;

Kinderkrankheiten:_Nicht bekannt

Operationen, Infektionen:

Blinddarmoperation (1948) im Krankenhaus Pneumonie, Tonsillektomie (ca. 1960) (davor Myokarditis und Polypen), Kieferhöhlenoperation (1978)

Aktuelle Beschwerden: Ganzkörperschmerzen, Schlafstörungen (Aufwachen ca. 2.30 bis 4 Uhr in der Nacht), Trigeminusneuralgie beidseitig, chronische Pulpitis, Kopfschmerzen mit Druck auf der Schädeldecke mit Benommenheit, pfeifender Tinnitus, Druckgefühl in den Flanken, Blähungen (selten), brennende Schmerzen in den unteren Extremitäten entlang der Shaoyang-Leitbahn mit Schwäche, Nierenstau (manchmal), Infektanfälligkeit (vor allem Bronchitis), Hypererregtheit, Schweiß nachts und bei geringer Anstrengung, Angespanntsein im Magenbereich mit Fremdkörpergefühl.

Familiäre Disposition:

Vater: Magenkrebs (Todesursache), zwei Brüder des Vaters Lungenkrebs (Todesursache) Cousine des Vaters: Mamma-Ca

Schadstoffbelastung: Amalgam; (Entgiftungsstörung anerkannt)

Zunge/Puls: Zungenkörper mittelrot mit Lilastich, glatte Ränder, gelber klebriger Belag, Pulse rechts fein, fadenförmig, *mingmen* (3. Position) nicht tastbar, links tief, schlüpfrig, Nierenposition nicht tastbar

Palpationsbefunde: signifikante Druckschmerzhaftigkeit von Bl 18, Bl 27, Bl 28, Bl 46, Lu 1, Le 14 (links), Gb 25, Ni 3, Mi 6, Mi 9.

Anm.: Auffallend ist der strenge Körpergeruch der Patientin, der für feuchte Hitze im Innern spricht.

Auswertung: Die Patientin leidet seit ihrer Kindheit an schwerer psychischer Belastung. Man kann davon ausgehen, dass psychische und physische Überlastung wesentlich zu Störungen im Bereich Leber-Galle geführt haben. Neben dieser Störung im Bereich Leber/Galle kann eine gewisse genetische Disposition zu Leberschwäche angenommen werden. Eigentlicher Auslöser für die Fibromyalgie-Erkrankung dürfte der Auffahrunfall gewesen sein, durch den die gesamte Wirbelsäule und das Rückenmark in Mitleidenschaft gezogen wurden.

Die Symptomatik deutet im Wesentlichen auf Hitze im Bereich Leber/Galle: Kopfschmerzen mit Druck auf der Schädeldecke und Benommenheit, pfeifender Tinnitus, Ischialgie entlang der Shaoyang-Leitbahn, Trigeminusneuralgie. Von der Hitze in Leber/Galle hat sich ein Übergriff auf Milz und Lunge ergeben. Erschöpfung von Lungen-Yin zeigt sich in der sehr leisen Stimme der Patientin und ihrer Neigung zu Bronchitiden. Hitze im Dickdarm zeigt sich darin, dass der Stuhl zwar insgesamt weich ist, er zu Beginn jedoch schafskotartig abgeht. Hitze im Magen manifestiert sich in chronischer Pulpitis und Heißhunger. Die Milz zeigt deutliche Schwäche, die sich in Müdigkeit und weichem Stuhl manifestiert. Hinzu kommt Schleimbelastung, angezeigt im Wesentlichen durch den gelben klebrigen Zungenbelag sowie die signifikante Druckschmerzhaftigkeit von Mi 9.

Sekundär liegt eine Nierenbelastung vor, die jedoch wesentlich weniger deutlich hervortritt als die Hitze in Leber und Galle. Ihr Ursprung ist nicht nachvollziehbar, sie manifestiert sich in zeitweiligem Nierenstau und gelegentlichen

Ödembildungen am rechten Knöchel; dennoch ist die Niere die Wurzel aller Organfunktionen, damit gehört die Stärkung der Niere zur therapeutischen Priorität.

Therapieprinzp: Ableiten von Hitze in Leber und Galle, Stärken von Nieren-Yang oder Nieren-Qi, Stärken von Milz- und Lungen-Qi, Stärken von Yin, Ableiten feuchter Hitze aus dem mittleren Erwärmer
Akupunktur:

Dorsal: Bl 17, Bl 18, Bl 20, Bl 23 oder Bl 25

Ventral: Ma 7, Pe 6, Ren 17, Mi 9, Ma 40, Ni 3, Le 3

Beide Rezepturen wurden alternierend genadelt.

Erläuterung: Bl 17 hat Blut klärende Wirkung, daneben auch Einfluss auf die Leber. Die Kombination von Bl 17 mit Bl 20 ergibt die Kombination der *sihuaxue* (Vier-Blumenpunkte), die besonders blutbildende Wirkung besitzen. In dieser Kombination sind damit mehrere positive Einflüsse gegeben: Stärken der Leber, Blutreinigung und Blutbidung.

Ma 7 wird als lokal wirksamer Punkt gegen die Trigeminusneuralgie genadelt. Pe 6 wird hier gewählt als Kardinalpunkt für leberinduzierte Hypererregtheit. Er dient auch zur Regulierung des Qi-Mechanismus im oberen Erwärmer. Diese Aufgabe erfüllt auch Ren 17, der Alarmpunkt des Perikards und Meisterpunkt des Qi. Mi 9, der Versammlungspunkt der Milz, und Ma 40 haben die Aufgabe, Feuchtigkeit und Schleim auszuleiten. Ni 3, der Quellpunkt der Nieren-Leitbahn, hat auffüllende Wirkung auf Nieren-Yang und Nieren-Qi, insbesondere in Kombination mit Bl 23. Le 3, der Quellpunkt der Leber-Leitbahn, kann den Qi-Mechanismus der Leber regulieren, insbesondere in ableitender Stimulation. Zudem kann über ihn auch das Nieren-Qi erreicht werden. Alternierend zu Le 3 kann Le 2 genadelt werden, der vor allem hitzeableitende Wirkung besitzt (ableitend stimuliert).

Sobald sich der Zungenbelag änderte, d.h. der gelbe klebrige Belag verschwunden war, wurde Mi 9 durch Mi 6 und Ma 40 durch Ma 36 ersetzt. Ma 36, neutral zuführend und ableitend stimuliert, kann sowohl gesundende Wirkung auf die Milz entfalten als auch den Qi-Kreislauf aktivieren. Mi 6, zuführend stimuliert, stärkt Yin und Blut.

Kräuter: Scutellariae Radix, Chuanxiong Radix, Dioscoreae Rhizoma, Asparagi Radix, Chaenomelis Fructus, Achyranthis bidentatae Radix, Gardeniae Fructus, Ziziphi jujubae Fructus

Erläuterung: Scutellariae Radix wirkt direkt auf die Gallenblase, daneben auch auf Lunge/Dickdarm. Sie leitet Hitze aus und wirkt entgiftend. Chuanxiong Radix wirkt direkt auf Leber/Galle, gleichzeitig schmerzstillend und durchblutungsfördernd. Sie ist wärmend und mildert die kalte Thermik von Scutellaria damit ab. Dioscoreae Rhizoma wirkt stärkend auf Niere und Milz und fördert die Produktion von Körpersäften. Asparagi Rhizoma stärkt Yin und befeuchtet die Lunge. Als Helferdrogen dienen Chaenomelis Fructus und Achyranthis bidentatae Radix. Chaenomelis Fructus (chin. Quitte) hat insbesondere beruhigende Wirkung auf die Leber, sie leitet Feuchtigkeit aus und hilft bei Schwäche und Krampfneigung der unteren Extremitäten. Mit ihr soll die Ausschwemmung der Ödeme an den Knöcheln gefördert und die Kraft der unteren Extremitäten unterstützt werden. Achyranthis bidentatae Radix unterstützt die Hitze ableitende Wirkung, vor allem aber die Stärkung von Leber und Niere und damit die Ministerdrogen Dioscoreae Rhizoma und Asparagi Radix. Zu den Botendrogen gehört Gardeniae Fructus, die feuchte Hitze ableitet und den Geist beruhigt. Sie wird insbesondere aufgrund ihrer beruhigenden Wirkung eingesetzt. Zizhiphi jujubae Fructus (chin. Datteln) als Botendroge unterstützen die Funktion der Milz, wirken Schlaflosigkeit und Nervosität entgegen und mildern zusätzlich die Wirkungen der übrigen Kräuter ab.

Anm: Die Patientin wurde anfangs ausschließlich mit Akupunktur behandelt. In 12 Sitzungen konnte die Kopfschmerzsymptomatik stark verbessert werden, das Allgemeinbefinden sowie die Hypererregtheit und Tinnitus verbesserten sich ebenfalls. Die Gabe der Kräuterrezeptur verursachte anfangs eine deutliche Reaktion, Kopfschmerzen und brennende Schmerzsensation in den Extremitäten traten wieder auf. Dies dürfte im Wesentlichen auf eine Ausleitungreaktion (Quecksilber) zurückzuführen sein. Nach ca. einer Woche verschwand die Symptomatik wieder, die Lebensqualität wird seither als „erträglich“ eingestuft.

Zu gegebener Zeit wird die eigentliche Quecksilberausleitung in Angriff genommen werden.

Literatur

Berg, P.A. (Hrsg.) (1999). Chronisches Müdigkeits- und Fibromyalgie-Syndrom.

Celeda, Dino (2001), „Die Rolle von Enzymdefekten“, Leben mit Rheuma 02: 17-19

Riegel, Andrea (2001). Fibromyalgie- Fragen und Antworten aus der Sicht der chinesischen Medizin. Aachen: Shaker

Yuzheng – ein vergessenes Syndrom in der chinesischen Medizin: ein Erklärungsmodell für unerklärliche gesundheitliche Störungen

Yuzheng, das sog. „Unterdrückungs"- oder „Depressionssyndrom", ist ein Krankheitsbild der klassischen chinesischen Medizin, das bisher in der westlichen wie in der chinesischen Forschung wenig Beachtung fand. Es trat zu bestimmten Zeiten in der medizinischen Literatur Chinas auf und verschwand wieder, in modernen Lehrbüchern ist es kaum zu finden, in Lexika findet man wenige Ausführungen dazu. In der Großen Enzyklopädie der chinesischen Medizin findet sich eine zusammenfassende Darstellung der *yuzheng*.

> *Yuzheng* sind solche Erkrankungen, die durch unterdrückte emotionale Regungen und unterdrückten Qi-Mechanismus hervorgerufen wurden. Man unterscheidet Fülle- und Leere-syndrome. Bei den Füllesyndromen gibt es die drei Kategorien "unterdrücktes Leber-Qi", „unterdrücktes Qi wandelt sich zu Feuer" und „Schleim-Qi-Unterdrückung." (...) Bei den Leeresyndromen lassen sich zwei Typen unterscheiden: „Schädigung des Geistes durch langfristige Unterdrückung des Qi" und „loderndes Feuer durch Yin-Leere (...)"[29]

Yuzheng war zu bestimmten Epochen tatsächlich im Zentrum des Interesses chinesischer Mediziner gestanden. Vor der Tangzeit (618 - 905) war es nicht bekannt, nach der Mingzeit (1368 – 1644) führte es wieder ein Schattendasein – völlig zu Unrecht, wie sich zeigen wird.

Yuzheng bezeichnet Syndrome, die mit Stagnationen und Unterdrückung der Wandelungsfunktionen (*hua* 化) der Organe assoziiert sind. Das Zeichen yu 郁 ist erstmals im *Huangdi neijing Suwen* (71) erwähnt, d.h. in einem Kapitel, das erst in der Tangzeit (618-905) in dieses Werk integriert wurde. Dann nimmt sich erst in der Yuanzeit (1271-1368) Zhu Danxi (1280-1358) dieses Themas wieder an, in der folgenden Mingzeit (1368 – 1644) ist es wieder Zhang Jiebin (1563-1640), der sich ausführlich mit dem Thema auseinander setzt. In einer Zeit also, da nicht nur Kriegswirren und Kriegsverletzungen oder Infektionskrankheiten

[29] ZYMC (1989):365

im Mittelpunkt des medizinischen Denkens und Argumentierens standen, sondern auch psychische Probleme als Grundursache gesundheitlicher und Fertilitätsstörungen ins Zentrum des Interesses rückten, genossen auch die *yuzheng* besondere Aufmerksamkeit.

Das Charakteristikum des *yu* wird von Zhu Danxi beschrieben. Er sagt: „Solange Qi und Blut harmonisch fließen, entwickeln sind keinerlei Krankheiten; aber sobald sich Stagnation ergibt, entstehen sämtliche Krankheiten. (...) Yu bedeutet, dass Koagulation herrscht, es aber keinen Weg gibt, sie aufzulösen. Was aufsteigen sollte, steigt nicht auf, was absteigen sollte, steigt nicht ab, was sich verändern sollte, verändert sich nicht, deshalb: wenn der Wandelungsprozess abnormal ist, entstehen die Krankheiten über die 6 yu".[30]

Sinn dieser Aussage im Sinne der westlichen Medizin ist, dass *yu* tatsächlich etwas mit Stoffwechselstörungen zu tun hat. Pathogene Faktoren von außen sind – anders als beim *bi*-Syndrom – nicht erforderlich, Pathogene entstehen vornehmlich im Innern durch unterdrückte Stoffwechsel- oder *hua*-Funktion der Organe. Langfristiges *yu* kann Krankheiten hervorrufen, langfristige Krankheit wiederum *yu*.

Zhu Danxi beschreibt den Zusammenhang zwischen *yu* und den fünf Wandlungsphasen unter Bezug auf *Suwen* (71):

„Unter den Unterdrückungen gibt es keine, die nicht Veränderungen in den 5 Agentien sind; deshalb, wenn man die Innenorgane des Menschen nimmt, dann entspricht dem Holz Leber/Galle, Holz regiert Wind, man fürchtet dessen Stagnation; deshalb empfiehlt es sich, ihn fernzuhalten, außen wie innen; aber wenn man die Leitbahnen und Netzgefäße durchgängig macht, dann zerstreut sich die Holzunterdrückung von selbst (...)"[31]

Insgesamt unterscheidet Zhu Danxi 6 Arten des *yu* und beschreibt deren Hauptsymptome, die in der folgenden Tabelle aufgeführt sind:

[30] *Danxi jiji* (2005): 587
[31] *Danxi jiji* (2005): 587

Qi *yu* (Qi)	Brust,Rippenschmerz
shi yu (Feuchtigkeit)	Wandernde Schmerzen im ganzen Körper, Gelenkschmerzen
Tan yu (Schleim)	Belastungsdyspnoe
Ri yu (Hitze)	Roter Urin, innere Unruhe
Xue yu (Blut)	Kraftlosigkeit der Extremitäten, Blut im Stuhl und Urin
She yu (Speisen)	Völle, saures Aufstoßen

Er setzte mit dieser Unterscheidung den Standard für spätere Zeiten. Das *Yixue rumen* (Einführung in die chinesische Medizin 1575) der Mingzeit nahm seine Ideen auf und entwickelte diese weiter, indem es die Beziehungen zwischen den 6 *yu* genau beleuchtete und beschrieb.[32] Das dort vorgestellte Schema zeigt folgendes Bild:

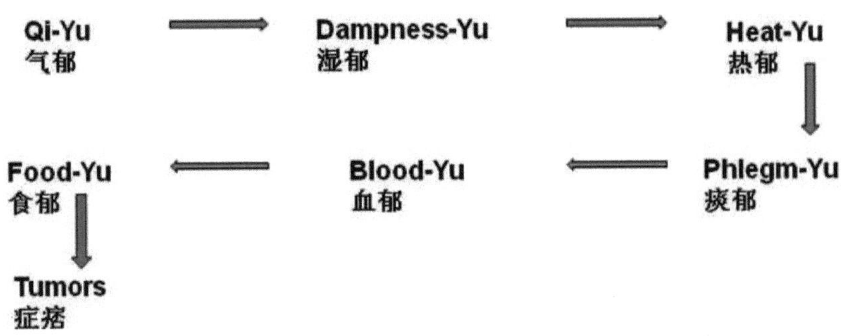

Zhang Jiebin, der sich intensiv mit den Auswirkungen psychischer Störungen auf körperlicher Ebene auseinandersetzte, erweiterte die sechs *yu* um drei weitere, emotionale *yu* (*qingyu* 情郁), namentlich *nuyu* (Ärger-yu), *siyu* (Sorge-Yu) und *youyu* (Trauer-yu).

Er zeigte die Manifestationen und die Folgen dieser drei *Yu*-Arten auf:[33]

[32] Vgl. *Yixue rumen* (1995): 600
[33] Vgl. *Jingyue quanshu* (1985) : 357

Nuyu **怒郁**	Stress → gegenläufiges Qi und Völle mit Blähungen ►Fülle Chronisch: Müdigkeit, Appetitlosigkeit (Holz→Erde) ►Leere
Siyu **思郁**	OE: Asthma, Husten, Erbrechen, Blutverlust ►Leere UE : Blutungen, Erschöpfung, Amenorrhoe ►Leere
***Youyu* 忧郁** → 悲 (Kummer) → 忧 (Tauer) → 恐惧 (Angst)	Erschöpfung von Qi Erschöpfung von Milz und Magen Erschöpfung von Leber und Niere Instabilität des shen 神

Da Zhang Jiebin keine konkreten Symptome für *youyu* nennt, sind wir auf eigene Gedanken hierzu angewiesen. Man könnte an folgende Symptome denken:

Youyu **忧郁**	**Symptome**
OE /ME Lunge/Milz	Husten, Kurzatmigkeit, Appetitlosigkeit, Diarrhoe, Müdigkeit, Infektanfälligkeit ►Leere
UE Leber/Niere	Leber-Blut-Mangel, Blässe, Erschöpfung, Müdigkeit, Miktionsstörungen, Lethargie, Nachtschweiß, Kopfschmerz, Muskelkrämpfe, Kraftlosigkeit der Extremitäten, Schlaflosigkeit ►Leere

Für die Therapie der emotionalen yu machte Zhang Jiebin eine wesentliche Aussage. Er sagt:

„Wenn es sich um eine emotionale Erkrankung handelt, dann lässt sie sich nur über Emotionen lösen. Frauen muss man nach ihrem Willen handeln lassen, und dann kann sie sich lösen. Wenn Ärger das Grübeln besiegt, vermag man sie plötzlich zu lösen. (…)“[34]

Damit spricht er eindeutig die Notwendigkeit einer Psychotherapie im Falle emotionaler *yu* an, eine Sicht, die vor und nach ihm in China niemand in dieser Eindeutigkeit und Offenheit formulierte.

Die beiden Arten des *yu*, die 6 *yu* des Zhu Danxi und die drei emotionalen *yu* des Zhang Jiebin lassen nun einen engen Zusammenhang erkennen:

[34] *Jingyue quanshu* (1985): 358

Beide bilden in gewissem Sinn eine Einheit, insofern die Emotionen in den fünf Speicherorganen gespeichert sind. Beide zeigen Symptome auf der Körperoberfläche wie im Innern, beide Arten des yu unterhalten einander; d.h. organische Störungen manifestieren sich an der Körperoberfläche, beeinträchtigen aber auch die emotionale Lage des Patienten, emotionale Störungen manifestieren sich auf der Körperoberfläche und führen zu organischen Störungen.

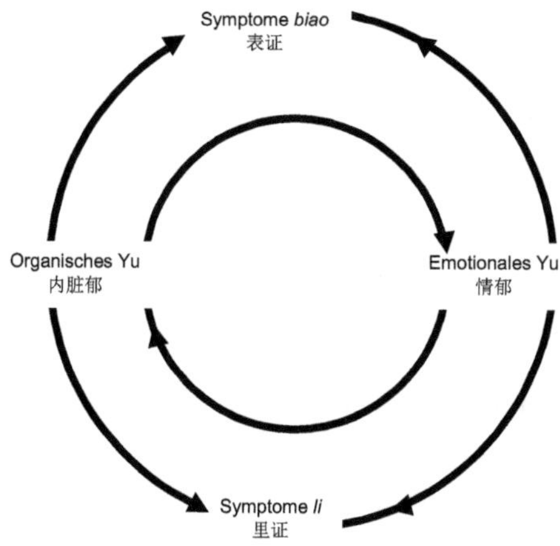

Abb. 1: Die Interdependenz der verschiedenen *yu*-Arten

Eine solche Anhäufung von Symptomen, letztlich in allen Funktionskreisen, gepaart mit Schmerzen im Bereich des Bewegungsapparates und geistige wie körperliche Erschöpfung sowie psychisch-mentale Störungen, die einander unterhalten wie die verschiedenen Arten des *yu*, kennen wir aus dem Bereich der Fibromyalgie.[35] Dort ist die Situation entsprechend: Schmerzen im Bereich des Bewegungsapparates führen zu psychsichen Problemen oder umgekehrt, psychische Probleme manifestieren sich in Schmerzen im Bewegungsapparat und führen zu Störungen der Stoffwechselfunktionen der Innenorgane. Am Beginn des Krankheitsgeschehens auf organischer Ebene stehen immer Störungen im Bereich Leber und Niere, d.h. im Bereich der Entgiftungsfunktion des Organismus. Wir erhalten am Ende, wenn die Diagnose „Fibromyalgie“ festeht,

[35] Zur Fibromyalgie s. auch oben „Fibromyalgie in der TCM“.

stets ein Bild, das pathologische Veränderungen aller Funktionskreise einschließt:

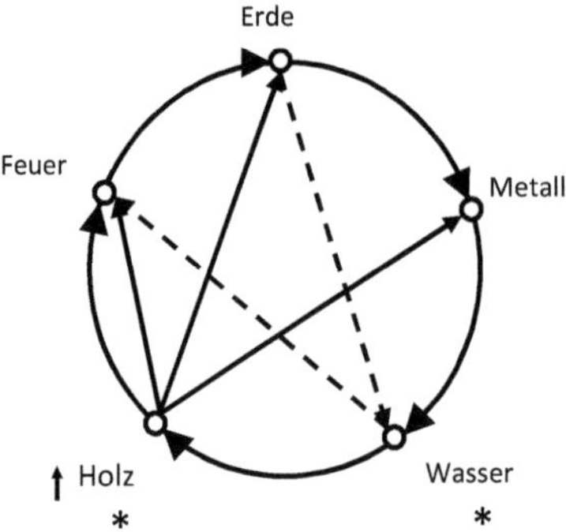

Abb. 2: Fibromyalgie im 5-Phasenmodell

In diesem Stadium der „Infektion" aller *zang*-Organe ist eine effektive Therapie sehr schwierig. Früherkennung einer sich entwickelnden Fibromyalgie ist daher ein wesentliches Kriterium für den therapeutischen Erfolg. Anhand des *yuzheng*-Komplexes werden die Zusammenhänge in diesem Krankheitsbild jedoch klar und ein therapeutisches Konzept wird vorgegeben:

- Qi befreien
- Qi- und Blutzirkulation anregen, Blutstase lösen
- Die Innenorgane, insbesondere Leber und Niere stärken
- Psychotherapie, die auf einer Befreiung der Emotionen basiert

Aber nicht nur die Fibromyalgie lässt sich anhand der *yuzheng* erklären. Auch andere, scheinbar unerklärliche Phänomene, pathologische Veränderungen im Organismus, die mit zunehmendem Beschwerdebild einhergehen und innerhalb der Schulmedizin lediglich mit einer zunehmenden Anzahl symptomatisch wirksamer Arzneien behandelt werden, können durch Überlegungen aus der

Sicht der *yuzheng* einen Zusammenhang erkennen lassen und einer kausalen Therapie zugeführt werden.

Fall

Patientin, 48 Jahre, Frührentnerin, ehem. Malerin und Lackiererin, 1,63 m groß, Gewicht > 112 kg (Adipositas), BMI 41,4; früher nebenberuflich Ausfahren frisch gedruckter Zeitungen

Aktuelle Beschwerden: LWS Schmerzen, Ödem Region LWS, pAVK Stadium 2b, Diabetes mellitus (2x1 Metformin, 10 Einheiten Insulin/Tag)

Anamnese: Hypertonie, Schrumpfniere (20 %), rechte Niere entfernt,

1995: Hysterektomie, Fettleber

1999 Psoriasis

2001 rechte Niere entfernt

2003 OP Arterie linkes Bein, Plexus lumbalis beschädigt → Nervenschmerz unten, Taubheitsgefühl oben, postoperative Depression

2006 Diabetes mellitus

2007 Pneumonie

2010 Splenomegalie, Cholelithiasis

Verschluss einer Koronararterie zu 60%

2011 Verhärtungen Oberschenkelinnenseite links

Allgemeinzustand/Psyche (Stand Juni 2011): Müdigkeit, Blähungen, Flatulenz, Hämorrhoiden, Fettleber, Psoriasis, Struma, Polyurie, depressive Verstimmung, Nervosität, Ungeduld, Klaustrophobie, Schlaflosigkeit, „Kloßgefühl", schlechte Zähne seit 2000, brechende Fingernägel, Dinge fallen aus der Hand

Medikation:

Metformin, Lyrica 300 mg, Ramilich, Pantoprazol, Clopidogrel 75 mg, Citalopram (Antidepressivum)

Kommentar: Bei Betrachtung des Krankheitsbildes und der Chronologie ergibt sich, dass aktuell Stoffwechselblockaden und Defizite in allen Speicherorganen vorliegen, wobei die Basis – wie bei der Fibromyalgie – in Leber und Niere liegen:

Niere: Ödem LWS, Schmerz LWS, entfernte Niere, Verschlechterung des Zahnwerkes, Ängste, Struma

Leber: Fettleber, GOT++, GPT++, Cholelithiasis, Depressionen, brechende Nägel

Milz: Diabetes mellitus, Splenomegalie

Lunge: Pneumonie, trockene Haut

Herz: Nervosität, Bluthochdruck

Daneben bestehen Leere in Yin, Yang und Qi sowie Qi- und Blutstagnation (pAVK, Verschluss koronarer Arterie) und Schleimblockade (Adipositas, Taubheitsgefühl). Die Blockaden im Blut- und Qifluss an der Körperoberfläche setzen sich im Innern fort, die Blockaden im Qi- und Blutfluss innen manifestieren sich auch an der Oberfläche, zu sehen deutlich an der Ödembildung im Lendenbereich, der Form der Adipositas (Fettpolsterbildung im Taillenbereich), Man kann durchaus eine Interdependenz der Blockaden innen und außen annehmen. Auf emotionaler Seite lasen sich *nuyu* und *youyu* annehmen, Blockaden durch Ärger und Depressionen sowie durch Trauer (um den verstorbenen Hund). Die oben aufgeführten Symptome auf somatischer Seite sind insgesamt vorhanden. Trägheit im emotionalen Bereich bedingt wieder Trägheit im Bereich des Stoffwechsels, die Stoffwechselblockaden bedingen Störungen im emotionalen Bereich (Lustlosigkeit, Teilnahmslosigkeit, Weinerlichkeit). Es finden sich in dem vorhandenen Krankheitsbild, für das die Schulmedizin keinen Namen hat, alle Gegebenheiten des *yuzheng*. Als *yuzheng* diagnostiziert, lässt sich auch prognostizieren, dass bei der Patientin – bei Betrachtung des Zusammenhangs zwischen den 6 *yu* – durchaus die Gefahr einer Tumorbildung als Komplikation besteht.

Als *yuzheng* interpretiert ist der ganzheitliche Therapieweg wie folgt vorgegeben:

- Befreien von Qi
- Aktivieren des Blut- und Qiflusses
- Stärken der Stoffwechselfunktionen der Innenorgane
- Befreien der Emotionen

Therapie:

Es wird zunächst eine Entgiftungskur durchgeführt, da Giften (Dämpfe von Druckerschwärze und Lacken und Farben) durchaus eine ätiologisch bedeutsame Rolle zukommen kann. Daneben erfolgt Umstellung auf regelmäßige und basische Ernährung und 2-3 l Flüssigkeitszufuhr/Tag.

Derivatio 2x2, Lactopurum 2x2 Neukönigsförderer Mineralstofftbl. 3x2/Tag

Kräutertherapie: Paeonie albae Radix 25 g, Bupleuri Radix 20 g, Eucommiae Cortex 20 g, Achyranthis bidentatae Radix 20 g, Psoraleae Semen 20 g, Cyperi rotundus Rhizoma 15 g, Citri aurantii Fructus immaturus 15 g, Curcumae longae Tuber 20 g, Atractylodis macrocephalae Rhizoma 20 g, Paeoniae rubrae Radix 15 g, Astragali Radix 20 g, Glycyrrhizae Radix 10 g

Kommentar : Paeoniae albae Radix und Bupleuri Radix dienen der Stärkung der Leber, Psoraleae Semen der Niere ebenso wie Eucommiae Cortex, wobei Eucommiae Cortex auch dem Lendenschmerz entgegenwirkt. Achyranthis bidentatae Radix stärkt Leber –und Nieren-Yin und aktiviert die Blutzirkulation, insbesondere in den Beinen. Cyperi rotundus Rhizoma und CItri aurantii Fructus immaturus dienen ebenso wie Atractylodis macrocephalae Rhizoma der Wandelung von Schleim, Cyperi rotundus Rhizoma insbesondere im Bereich des Leibes. Citri aurantii Frucuts immaturus hat zudem leicht antidepressive Wirkung und unterstützt hier Curcumae longae Tuber. Paeoniae rubrae Radix dient der Kühlung der Bluthitze (Psoriasis), Astragali Radix dem Durchbruch des Yang. Glycyrrhizae Radix rundet die Rezeptur ab.

Nach 6 Wochen Therapie:

Verbesserung der diabetischen Situation, 5 Einheiten Insulin/Tag

Gewichtsreduktion um 6 kg

Polyurie Ø

Schlaf gut

Psoriasisschübe geringer und weniger heftig

Relative psychische Ausgeglichenheit, Teilnahme am Leben, neue Minibeschäftigung

Gleich geblieben sind: Schmerzen im Bein, nur kurze Gehstrecken möglich, aber ohne Krücken, Rückenschmerz

sonstige Veränderungen: Stuhl tendenziell trocken

Entsprechende Zugabe von Kräutern:

Angelicae sinensis Radix 20 g, Ophiopogonis Rhizoma 15 g, Salviae miltiorrhizae Radix 20 g.

Angelicae sinensis Radix dient der Befeuchtung des Darms, Ophiopogonis Rhizoma der Produktion von Körperflüssigkeiten. Salviae miltiorrhizae Radix soll sich positiv auf die koronare Durchblutung auswirken. Mit Akupunktur wird begonnen:

Bl 23, Bl 25, Bl 18, Dü 12

Nach drei Sitzungen:

Ischialgiforme Schmerzen sind fast verschwunden, die Psyche ist deutlich besser, die Patientin wirkt frischer, aktiver, motiviert. Bei Einhaltung der Ernährungsvorgaben ergeben sich keine Schwankungen im Blutzucker mehr. Die Gewichtsreduktion liegt bei > 8 kg. Der Gang ist leichter, die Gehstrecken sind etwas länger als zu Beginn.

Die Therapie wird weiter fortgeführt. Es sind vorläufig 3 Akupunkturzyklen à 10 Sitzungen vorgesehen.

Literatur

Danxijiji (2005). Die gesammelten Werke des Zhu Danxi. Beijing: Renmin weisheng chubanshe

Jingyue quanshu (1985 orig. 1640). Die gesammelten Werkde des Zang Jingyue. Shanghai: Kexue jishu chubanshe

Riegel, Andrea-Mercedes (2001). Fibromyalgie. Fragen und Antworten aus der Sicht der chinesischen Medizin. Aachen: Shaker

Yang Weijie (1990). *Huangdi neijing Suwen shijie* (Modern Übersetzte und erläuterte Ausgabe der Einfachen Fragen aus dem Klassiker der Inneren Medizin des Gelben Kaisers). Taibei: Yuejun wenhua gongsi

Yixue rumen (1995; orig. 1575). Propädeutik der Medizin. Beijing: Zhongguo zhongyiyao chuban she

ZYMC *Zhongyi mingci shuyu xuanshi* (1989). (Erläuterungen zu ausgewählten Fachtermini der chinesischen Medizin). Beijing: Renmin weisheng chubanshe

Schmerztherapie

Leitsymptom Kopfschmerz

Kopfschmerzen sind ein Symptom, aufgrund dessen viele Patienten den Weg in die Naturheilpraxis finden; aber Kopfschmerzen sind eben nur ein Symptom, hinter dem sich viele Einflüsse verbergen können wie z.B. Fehlernährung, Umwelteinflüsse, psychischer Stress. Auch innere Erkrankungen manifestieren sich nicht selten in den unterschiedlichsten Formen des Kopfschmerzes. Der einzige Weg zu einer effektiven Schmerzbekämpfung führt daher über Erkennen und Ausschalten der Noxe.

Im Rahmen der TCM kommt bei der Therapie des Kopfschmerzes insbesondere der Anamnese eine zentrale Rolle zu. Hier sind v.a. zwei Fragen von besonderer Bedeutung: die nach der Schmerzqualität und Lokalisation des Schmerzes und die nach der Chronizität. Die Frage nach der Chronizität führt den Therapeuten direkt zum Therapieprinzip; denn wie bei allen anderen Erkrankungen ist im Falle sporadisch akut auftretender Probleme, hier der Schmerzen, die Schmerzbehandlung als klinische Manifestation (*biao*) das oberste Therapieziel, die Beseitigung der Ursache (*ben*) das sekundäre. Bei chronischen Schmerzzuständen gilt dementsprechend das umgekehrte Prinzip. Hier bildet die Therapie der Ursache das erste Therapieziel, während die klinische Manifestation, hier der Kopfschmerz, sekundär behandelt wird. Die Frage nach der Schmerzqualität kann aus Sicht der chinesischen Medizin wichtige Hinweise geben auf die Ursache, die nach der Lokalisation auf die betroffenen Leitbahnen.

Wie jede Art von Schmerz wird der Kopfschmerz nach traditioneller Vorstellung von Störungen des Qi- und Blutflusses ausgelöst. Diese Störungen können ihrerseits basieren auf dem Einfluss pathogener Faktoren (exogen, endogen oder weder exogen noch endogen) oder der Disharmonie im Fließgleichgewicht zwischen den Innenorganen. Durch den Einfluss der pathogenen Faktoren oder den behinderten Blut- und Qi-Fluss kommt es zur Blockade der Leitbahnen bzw. Netzgefäße im Bereich des Gesichtes und Kopfbereiches, was letztlich die Schmerzmanifestation ausmacht.

Im Falle der Kopfschmerzen macht die chinesische Medizin eine Unterscheidung zwischen akuten und chronischen Kopfschmerzen nach folgendem Muster:

AKUT	CHRONISCH
Pathogene Faktoren	Qi- Blutstase
Wind	Qi- und Blutleeere
Kälte	Qi- Blutstase
Hitze	Nierenleere
Feuchtigkeit	hochschlagendes Leber-Yang
	Leber-Qi-Stau
	Schleim

Manifestationsorte:

Yangming, Shaoyang, Taiyang, Jueyin-Leitbahnen

Akute Kopfschmerzen durch Eindringen pathogener Faktoren

Die pathogenen Faktoren, die für die akuten Kopfschmerzen verantwortlich sind, sind meist mit „Wind“ assoziiert bedingt durch die Tatsache, dass Wind den übrigen pathogenen Faktoren als Transportmittel dient. Gemeinsam ist den Kopfschmerzen durch exogene Faktoren, dass sie sporadisch auftreten, also nicht immer wieder auftreten oder lang anhaltend über mehrere Wochen oder Monate oder aufgrund bestimmter Modalitäten oder Ereignisse immer wiederkehren. Die unterschiedlichen pathogenen Faktoren verursachen unterschiedliche Arten von Schmerzqualitäten:

Wind-Kälte

Hauptsymptome: heftiger spannender Kopfschmerz, Besserung durch Wärme, Verschlechterung durch Wind, Kältephobie, evtl. Fieber, Gliederschmerzen

Zunge/Puls: weißlicher Zungenbelag, schwebender straffer Puls

Der Wind-Kälte-Kopfschmerz ist vornehmliche Begleiterscheinung von Erkältungskrankheiten.

Therapieprinzip: Stillen des Schmerzes, Ausleiten von Kälte, Zerstreuen von Wind

Akupunktur: Gb 20, Di 4, Lu 7, Ex 2 (Ex HN 5), Ma 36, Mi 6

Erläuterung: Gb 20 ist lokaler Schmerzpunkt, zudem hat er, wie sein Name bereits sagt (Teich des Windes), Wind zerstreuende Wirkung. Zudem ist er der Verbindungspunkt zwischen der Gallenblasenleitbahn und dem Yangwei-Gefäß, das Yangwei-Gefäß regiert die Körperoberfläche. Da er beide Wirkungen besitzt, Schmerz stillende und Wind zerstreuende, wäre er hier dem Punkt Bl 12 (Tor des Windes) vorzuziehen. Sind zusätzlich Genicksteife und Schulterschmerzen vorhanden, sind Bl 12 und Dü 12 (Besiegen des Windes) angezeigt.

Di 4 gilt als „Bagger" für pathogene Faktoren, ist auch Fernpunkt für akute Kopfschmerzen. Lu 7 ist ein wirksamer Punkt für akute Kopfschmerzen, wenn der Kopfschmerz durch Wind verursacht wurde. Ex 2 (Ex HN 5) ist lokaler Schmerzpunkt, der zudem Wind zerstreuende Wirkung besitzt. Ma 36 und Mi 6 als Zusatzpunkte sind hier zusätzlich für die Stärkung des Immunsystems gewählt. Sie harmonieren mit Di 4.

Wind-Hitze

Hauptsymptome: Kopfschmerzen mit dem Gefühl, der Kopf wolle zerbersten, Verschlechterung durch Wärme, begleitet evtl. Fieber, Windphobie, rotes Gesicht, Halsschmerzen

Zunge/Puls: rote Zungenspitze, dünner gelber Belag, schwebender schneller Puls

Der Wind-Hitze-Kopfschmerz tritt bei Hitzschlag und Sonnenstich auf.

Therapieprinzip: Stillen des Schmerzes, Ausleiten von Hitze, Zerstreuen von Wind

Akupunktur: Di 11, Di 4, 3E 5, Gb 20, Ex 2 (Ex HN 5)

Erläuterung: Di 11, Di 4 und 3E 5 sind geeignet, Wind zu zerstreuen und Hitze zu klären, v.a. im Bereich des oberen Teils des Körpers. Gb 20 erfüllt die gleiche Funktion wie bei Wind-Kälte, ebenso wie Ex 2 (Ex HN 5).

Bei extremer Hitze ist zusätzlich Du 14 als Zusammenkunftspunkt aller Yang-Leitbahnen, ableitend zu stimulieren, 3E 1 mit einer Lanzettnadel zur Ader zu lassen.

Wind-Feuchtigkeit

Hauptsymptome: Kopfschmerzen mit einem Gefühl, eingewickelt zu sein, Kopfschwere, Verschlechterung durch feucht-nasse Witterung; zusätzlich evtl. Brustbeklemmungen, Druck in der Magengegend, Gliederschwere, häufige Miktion

Zunge/Puls: weißer klebriger Zungenbelag, schlüpfriger schleppender Puls

Der Kopfschmerz vom Typ Wind-Feuchtigkeit tritt bei Erkältungskrankheiten in Frühjahr und Herbst auf. Aber auch Patienten, die an rheumatischen Beschwerden leiden, sind nicht selten von Wind-Feuchtigkeits-Kopfschmerzen betroffen. Von daher gehört der Wind-Feuchtigkeits-Kopfschmerz teils zu den akuten, teils zu den chronischen Kopfschmerzen.

Therapieprinzip:

Akut:

Stillen des Schmerzes, Ausleiten von Feuchtigkeit, Zerstreuen von Wind

Chronisch:

Ausleiten von Feuchtigkeit, Beruhigen von Wind, Stillen des Schmerzes

Akupunktur: Gb 20, Ex 1 (Ex HN 3), Ren 12, Ma 36, Mi 9, Ma 40

Ren 12, Mi 9 und Ma 36 unterstützen die Milz bei ihrer Aufgabe, Feuchtigkeit zu wandeln. Ren 12 und Mi 9 sind spezielle Punkte zum Wandeln und Ausleiten von Schleim und Feuchtigkeit. Sie werden ableitend stimuliert, Ma 36 zuführend. Gb 20 erfüllt die gleiche Aufgabe wie bei den zuvor genannten Typen, Ex 1 (Ex-HN 3) erfüllt die gleiche Aufgabe wie Ex 2, wird hier aufgrund seiner Lokalisation Ex 2 (Ex HN 5) vorgezogen.

Bei Brustbeklemmungen werden zusätzlich Pe 6 und Ren 17 genadelt.

Bei chronischen Kopfschmerzen vom Typ Wind-Feuchtigkeit empfiehlt sich zusätzlich Le 3 zum Beruhigen von Leber-Wind.

Anmerkungen zur Therapie: Bei akuten Kopfschmerzen ist die Akupunkturtherapie im Allgemeinen ausreichend. Zu Beginn sollte täglich genadelt werden, ca. 3-4 Tage in Folge, daran anschließend sind weitere 2 - 3 Sitzungen im Abstand von jeweils zwei oder drei Tagen ausreichend, um das gewünschte Ergebnis der Schmerzfreiheit zu erzielen.

Kopfschmerzen differenziert nach Manifestationsorten

Neben nicht lokalisierbaren Kopfschmerzen oder Kopfschmerzen, die sich über den gesamten Kopfbereich ausbreiten und ein bestimmtes Gefühl vermitteln, gibt es solche, die auf das Betroffensein bestimmter Leitbahnen schließen lassen, damit wieder eventuell auf mögliche Ursachen. Sie können akut oder chronisch sein. In Frage kommen sämtliche Leitbahnen, die den Kopf- und Gesichtsbereich durchfließen und die Schädeldecke.

Taiyang-Kopfschmerzen[36]:

Der Taiyang-Kopfschmerz betrifft die Blasenleitbahn und zieht von frontal nach okzipital oder umgekehrt.

[36] Die folgenden Abbildungen sind A. Riegel: Bianzheng lunzhi (2009) entnommen.

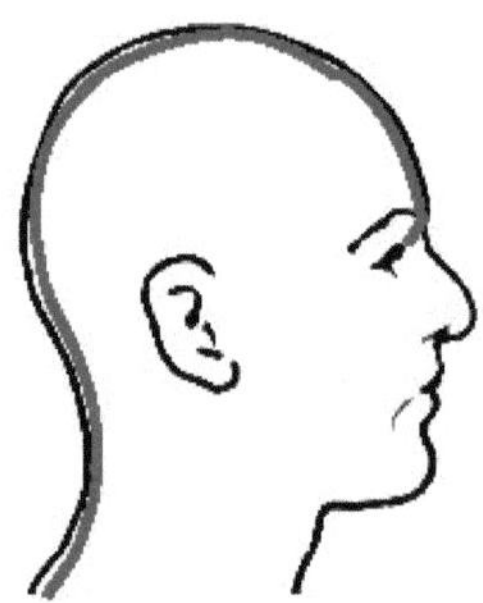

Abbildung 8Verlauf der Taiyang-Leitbahn der Hand am Kopf

Die Schmerzqualität ist dumpf oder drückend. Oftmals manifestiert sich der Taiyang-Kopfschmerz als Migräne. Ursächlich für den Taiyang-Kopfschmerz, der auch als „rebellierendes Qi der Blasenleitbahn" bezeichnet wird, ist vielfach eine Entgiftungsstörung der Niere. Dementsprechend werden für die Therapie Punkte der Blasen- und Nieren-Leibahn gewählt, für die Kräutertherapie Kräuter, die die Nierenfunktion anregen und das Qi in die richtige Richtung leiten.

Hauptpunkte: Es werden solche Punkte gewählt, die kausal wirksam sind, sowie spezielle Nah- und Fernpunkte als schmerzstillende Punkte

Ni 3, Ni 7, Bl 60, Bl 58, Bl 23 (kausale Punkte), Dü 3 (Fernpunkt), Bl 2, Bl 9 (Nahpunkte)

Zu den Ursachen der Taiyang-Kopfschmerzen zählen neben den Entgiftungsstörungen auch die Okzipitalisneuralgie oder degenerative Veränderungen im Bereich der Halswirbelsäule. Für die Okzipitalneuralgie ist speziell der Punkt Bl 9 zu wählen, für degenerative Veränderungen im Bereich der Halswirbel sind die Punkte aus der Huatuo-Linie am betreffenden Segment geeignet.

Kräuter: Achyranthis bidentatae Radix, Rehmanniae glutinosae Radix praeparata, Morindae Radix, Poria cocos, Alismatis Rhizoma, Plantanigis Semen, Chuanxiong Radix, Magnoliae Cortex

I Shaoyang-Kopfschmerzen

Die Shaoyang-Kopfschmerzen können sowohl die Gallenblasen- als auch die 3E-Leitbahn betreffen. Die Unterscheidung wird über die genaue Lokalisation der Schmerzen getroffen.

A Der Gallenblasen-Kopfschmerz

Der Gallenblasen-Kopfschmerz ist typischerweise ein Migränekopfschmerz. Er breitet sich meist einseitig vom Scheitel nach temporal aus und zieht hinter das Ohr, in den Nacken (M. Trapezius) und typischerweise auch hinter das Auge. Die Schmerzqualität ist stechend, die Seiten wechselnd.

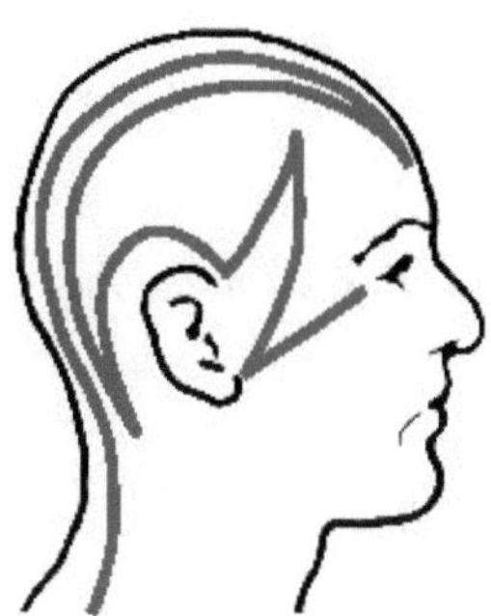

Abbildung 9Verlauf der Shaoyang-Leitbahn des Fußes am Kopf

Dieser Kopfschmerz, der auch als „Hitze in den Shaoyang-Leitbahnen" bezeichnet wird, kommt recht häufig bei Patienten mit Leber-Entgiftungsstörungen vor oder bei Patienten mit Depressionen. Typischerweise sind es vielfach Fibromyalgie-Patienten, die von dieser Art Migränekopfschmerz betroffen sind.

Hauptpunkte: Bl 18 oder Bl 19, Le 2 oder Le 3, Le 14 (kausale Punkte), Gb 14, Gb 1, Gb 20, Ex 2 oder Ma 7 (Nahpunkte), Gb 41, 3E 5, Gb 34 (Fernpunkte)

B Der 3E- Kopfschmerz

Beim Kopfschmerz der 3E-Leitbahn ziehen die Schmerzen meist vom Trapezius ausgehend direkt um das Ohr herum und weiter nach temporal. Sie manifestieren sich vornehmlich hinter dem lateralen Augenwinkel, vermitteln dem Patienten in schweren Fällen das Gefühl, als ob das Auge aus dem Schädel gedrückt würde. Die Schmerzen sparen den oberen Teil des seitlichen Schädels meist aus, verlagern sich dafür vielmehr nach frontal.

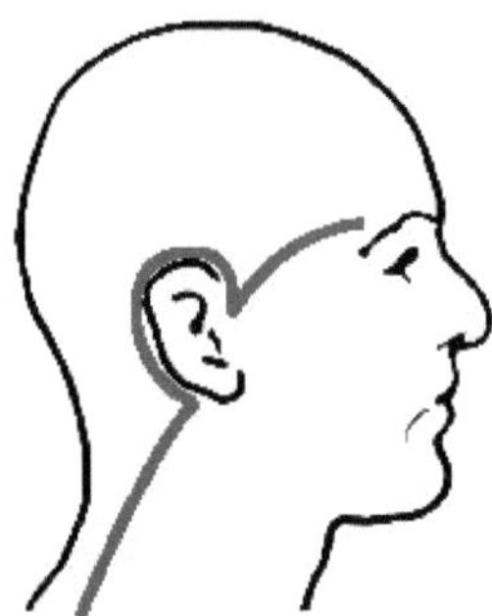

Abbildung 10Verlauf der Shaoyang-Leitbahn der Hand am Kopf

Ursächlich spielen auch hier Entgiftungsstörungen v.a. im Bereich des mittleren Verdauungstraktes, eine große Rolle.

Bei der Therapie werden wie oben aufgrund der Gleichnamigkeit der Leitbahnen (Gallenblasen- und 3E-Leitbahn) Punkte aus beiden Leitbahnen miteinander kombiniert:

Hauptpunkte: Le 3, Le 8, Bl 22 (kausale Punkte), 3E 21, Gb 8 nach 3E 20, Gb 20, 3E 23, 3E 17 (Nahpunkte), Gb 34, Gb 41, 3E 5 oder 3E 3 (Fernpunkte)

Kräuter: Poria cocos, Bupleuri Radix, Aurantii Fructus immaturus, Paeoniae albae Radix, Magnoliae Cortex, Achyranthis bidentatae Radix, Cyperi rotundus Rhizoma, Taraxaci Herba, Glycyrrhizae Radix, Chuanxiong Radix, Rehmanniae glutinosae Radix praeparata, Lycii Fructus, Curcumae Rhizoma, Gardeniae Fructus

II Der Yangming-Kopfschmerz

Yangming-Kopfschmerzen betreffen vornehmlich die Magenleitbahn. Sie verlaufen entsprechend der Magenleitbahn, sie strahlen von der Schläfe in Gesicht und Wange aus, ziehen die Wange quasi nach unten.

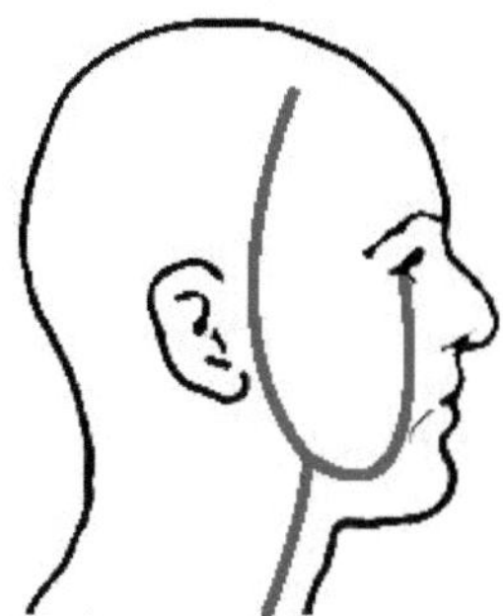

Abbildung 11Verlauf der Yangming-Leitbahn des Fußes am Kopf

Vor allem die Punkte Ma 8 und Ma 2 sind druckdolent. Ursache sind meist Probleme des Magens direkt wie chronische Gastritis oder Ulcus ventriculi. Dementsprechend klagen die Patienten meist auch über Überempfindlichkeit des Magens. Begleitet werden die Kopfschmerzen oft durch lang anhaltende Übelkeit und Neigung zu Erbrechen.

Für die Therapie gilt natürlich die vornehmliche Beseitigung der Ursache, d.h. die Regulation des Magens und der Ernährung.

Hauptpunkte:

Bl 21, Ren 12, Ma 36, Ma 40, Mi 6 (kausale Punkte) , Ma 8, Ma 2, Ma 7 Nahpunkte), Ma 44, Di 4 (Fernpunkte)

Kräuter: Poria cocos, Citri reticulatae Pericarpium, Bupleuri Radix, Dioscoreae Rhizoma, Astragali Radix, Glycyrrhizae Radix, Paeoniae albae Radix, Zingiberis Rhizoma viride, Menthae Herba, Pinelliae Rhizoma, Ziziphi jujubae Fructus, Angelicae sinensis Radix

III Der Jueyin-Kopfschmerz

Der Jueyin-Kopfschmerz beschreibt im eigentlichen Sinn den Kopfschmerz, der durch hochschlagendes Leber-Yang verursacht wird. Hochschlagendes Leber-Yang ist im schulmedizinischen Sinne nichts anderes als ein Sympathikotonus, dessen Symptome sich vor allem im Bereich des oberen Erwärmers und des Kopfes manifestieren. Der Kopfschmerz, der sich zeigt, ist ein typischer Kopfschmerz des Patienten mit Bluthochdruck, ein isolierter pulsierender Schmerz direkt auf dem Schädeldach. Dies kann deshalb so sein, da ein innerer Ast der Leber-Leitbahn zum Punkt Du 20 verläuft. Die Schmerzqualität ist pochend und vermittelt dem Patienten das Gefühl, die Schädeldecke müsse abspringen.

Hauptpunkte sind v.a. solche Punkte, die einen sedierenden Einfluss auf das Vegetativum haben.

Hauptpunkte: Ni 2, Mi 6, Bl 18 (kausale Punkte), Du 20 (Nahpunkt; nur Mikroaderlass, keine Nadel setzen), Gb 20, Gb 34, Le 2, Pe 6 Fernpunkte)

Kräuter: Paeoniae albae Radix, Rehmanniae glutinosae Radix praeparata, Achyranthis bidentatae Radix, Moutan Cortex radicis, Menthae Herba, Angelicae sinensis Radix, Glycyrrhizae Radix, Poria cocos, Salviae miltiorrhizae Radix, Lycii Fructus, Corni Fructus, Ziziphi spinosae Semen, Ziziphi jujubae Fructus, Glycinis testa, Prunellae Spica, Chrysanthemi Flos

Differentialdiagnose chronischer Kopfschmerzen

Chronische Kopfschmerzen, gleich wie und wo sie sich manifestieren, haben eine innere Ursache. Wie oben gesehen, kann man sechs unterschiedliche Typen unterscheiden:

- Qi- und Blutstase
- Qi- und Blutleere
- Nierenleere
- Leber-Qi-Stagnation
- Hochschlagendes Leber-Yang
- Schleim

Es gibt drei Fülle- und drei Leeresyndrome:

Fülle	Leere
Qi- und Blutstase	Qi- und Blutleere
Leber-Qi-Stagnation	Nieren-Leere
Hochschlagendes Leber-Yang	Schleim (*biao*) → Milz-Qi-Leere

Die Leeresyndrome

I Qi- und Blutleere

Hauptsyptome: Andauernder Kopfschmerz, der sich bei Anstrengung verschlimmert, mögliche Begleitsymptome sind: Palpitationen, Herzrasen, Müdigkeit, Erschöpfung, Schlaflosigkeit, traumreicher Schlaf, Appetitlosigkeit, Blässe

Zunge/Puls: blasse Zungenfarbe mit weißem Belag, feiner kraftloser Puls

Anm.: Qi- und Blutleere hat ihre Ursache natürlich wieder vornehmlich in einer Schwäche der Organe Niere und Milz. Von daher muss die Therapie in letzter Konsequenz auf eine Stärkung dieser beiden Organe abzielen.

Therapieziel: Stärken von Qi, Nähren von Blut, Stillen des Kopfschmerzes

Akupunktur : Bl 17, Bl 20, Bl 23, Ma 36, Ren 6, Mi 6, He 6

Erläuterung: Bl 17 und Bl 20 sind die „Vier Blumenpunkte", deren Hauptindikation das Nähren von Blut ist. Bl 20 ist zudem der Zustimmungspunkt der Milz und wirkt gut zusammen mit Bl 23 als Zustimmungspunkt der Niere. Ma 36 und Mi 6 als Kombination stärken die Milz und Ma 36 stärkt zudem Qi in Kombination mit Ren 6, dem „Meer des Qi". He 6 stärkt Yin und das Herz. Die Stärkung des Herzens ist sinnvoll, damit das Blut ins Gehirn transportiert werden kann.

Kräuter: Poria cocos, Atractylodis macrocephalae Rhizoma, Paeoniae albae Radix, Rehmanniae glutinosae Radix praeparata, Chuanxiong Radix, Angelicae sinensis Radix, Spatholobi caulis, Glycyrrhizae Radix

II Nierenleere

Hauptsymptome: Dumpf-diffuse Kopfschmerzen mit einem Leeregefühl, begleitet von: Konzentrationsstörungen, Vergesslichkeit, Benommenheit, Haarausfall, leichtem Tinnitus, Lumbalgie, Zyklusanomalien bei Frauen oder Erektionsproblemen bei Männern.

Eine Differenzierung nach Nieren-Yin- und Nieren-Yang-Leere lässt folgende Spezifizierung der Begleitsymptome zu:

Nieren-Yin-Leere: Nachtschweiß, trockene Schleimhäute, brennende Augen, Hitzegefühl in Händen und Füßen

Zunge/Puls: Rote Zungenfarbe, trocken ohne Belag, feiner schneller Puls

Nieren-Yang-Leere: Kältephobie, Wärmebedürfnis, kalte Füße, Ödembildung, verstärkter Harndrang, Harninkontinenz

Zunge/Puls: Große Zunge, blass und feucht, langsamer schwacher Puls

Therapieziel: Stärken der Niere, Stillen des Schmerzes

Akupunktur: Bl 20, Bl 23, Ni 3, Gb 39, Ma 36

Nieren-Yang-Leere: zusätzlich Ren 4 + Moxa

Nieren-Yin-Leere: zusätzlich Mi 6, Ni6

Erläuterung: Bl 20 und Bl 23 sind die Zustimmungspunkte der beiden Wurzeln der zweiten bzw. ersten Lebensquelle. Bl 20 unterstützt insofern Bl 23. Ni 3 als Quellpunkt der Nierenleitbahn stärkt Nieren-Qi und Nieren-Yang. Gb 39 als Meisterpunkt des Knochenmarks dient der Ernährung des Marks bzw. des Gehirns. Ma 36 bringt das Qi in Fluss.

Ren 4 ist der Sitz des Ur-Yang, mit Moxa behandelt dient er der Erwärmung des Nierenfunktionskreises. Mi 6 stärkt Blut und Yin, Ni 6 nährt speziell Nieren-Yin.

Kräuter: Poria cocos, Dioscoreae Rhizoma, Glycyrrhizae Radix, Morindae Radix, Rehmanniae glutinosae Radix praeparata, Corni Fructus, Moudan Cortex radicis, Alismatis Rhizoma, Cinnamomi cassiae Cortex, Achyranthis bidentatae Radix

III Schleim

Kopfschmerzen durch Schleim sind im eigentlichen Sinn ein Füllesyndrom, da Schleim zu Fülle gehört. An der Basis des Schleims stehe jedoch eine unzureichende Funktion der Milz, also eine Leere. Der Schleim ist daher Fülle auf der Manifestationsseite (*biao*) mit Leere an der Wurzel (*ben*).

Hauptsymptome: Kopfschmerz, der sich als starker dumpfer Druck im gesamten Kopf manifestiert, Schweregefühl des Kopfes und das Gefühl, in einem Schraubstock befindlich zu sein. Begleitsymptome sind Völlegefühl und Übelkeit mit erbrechen, Gliederschwere, Verschlechterung bei feuchtem Wetter.

Zunge/Puls: große ödematöse Zunge, weißlicher Belag, schlüpfriger Puls

Therapieziel: Ausleiten von Schleim, Wandeln von Feuchtigkeit und stärken der Milz

Akupunktur: Ren 12, Ma 40, Mi 9, Ma 36, Gb 20, Ex 1, Di 4

Erläuterung: Ren 12, Ma 40 und Mi 9 sind die großen Schleim- und Feuchtigkeitswandler unter den Akupunkturpunkten. Ma 36, neutral stimuliert, wirkt gesundend und stärkend auf die Milz und regt den Qi-Fluss an. Gb 20 ist Nahpunkt für Kopfschmerzen, ebenso wie Ex 1. Di 4 dient als Fernpunkt für die Kopfschmerzen. Die Kombination aus Pe 6 und Di 4 reguliert den Fluss des Qi. Bei Übelkeit empfiehlt sich die Ergänzung durch Mi 4.

Kräuter: Poria cocos, Atractylodis macrocephalae Rhizoma, Pinelliae Tuber, Zingiberis Rhizoma viride, Citri reticulatae Pericarpium, Cyperi rotundus Rhizoma, Glycyrrhizae Radix

Die Füllesyndrome

I Qi und Blutstase

Hauptsymptome: Punktuell stechender Kopfschmerz, die Schmerzen sind genau lokalisierbar

Zunge/Puls: livide oder zyanotische Zungenfarbe, Hämatome, gestaute Unterzungenvenen, feiner gespannter oder rauer Puls

Anm.: Die Kopfschmerzen durch Blutstase können sich durch langfristig bestehende Bluthitze ergeben, d.h. z.B. als Begleitsymptom chronischer allergischer Erkrankungen (Asthma, Psoriasis, Neurodermitis) oder aber durch verlangsamte Blutzirkulation, d.h. durch erniedrigte Pumpleistung des Herzens oder aber erhöhte Blutviskosität.

CAVE: Patienten, die speziell über massive stechende Kopfschmerzen klagen, sind potentiell gefährdet hinsichtlich Herzinfarkt oder Schlaganfall, insbesondere dann, wenn die Anamnese bereits Angina pectoris, Infarkt oder Krampfadern ergab.

Therapieziel: Lösen der Blutstase, Aktivieren der Blutzirkulation

Akupunktur: Bl 17, Ma 36, Mi 6, Ren 17, Di 4, Mi 10, Pe 6

Erläuterung: Bl 17 als Meisterpunkt des Blutes sorgt, ableitend stimuliert, für eine Aktivierung der Blutzirkulation; Ma 36 und Mi 6, ebenfalls ableitend stimuliert, unterstützen diese Wirkung. Ren 17 als Meisterpunkt des Qi bewirkt hauptsächlich eine Aktivierung des Qi-Flusses, Di 4 stärkt Qi und ist zudem Fernpunkt für akute Kopfschmerzen.

Kräuter: Poria cocos, Codonopsitis Radix, Citri reticulatae Pericarpium, Paeoniae albae Radix, Angelicae sinensis Radix, Leonuri Herba, Chuanxiong Radix, Achyranthis bidentatae Radix, Salviae miltiorrhizae Radix, Schizandrae Fructus

II Leber-Qi-Stagnation

Hauptsymptome: Reaktion mit Kopfschmerzen auf Stressituationen, die Qualität des Kopfschmerzes ist ziehend und von Verspannungen im Nackenbereich begleitet; Begleitsymptome können sein Dysmenorrhoe, Reizbarkeit und Stimmungsschwankungen, Flankenschmerzen, Sodbrennen, Übelkeit oder Appetitlosigkeit.

Zunge/Puls: Zunge livide, sonst unauffällig, saitenförmiger Puls

Diese Art von Kopfschmerzen kommt häufig bei depressiven Patienten oder Fibromyalgie-Patienten vor.

Therapieziel: Befreien von Leber-Qi, Stillen des Kopfschmerzes

Akupunktur: Ma 36, Le 3, Mi 6, Pe 6, Di 4, Ren 17

Erläuterung: Le 3 befreit Leber-Qi, Ren 17 als Meisterpunkt des Qi bringt Qi in Umlauf, wird dabei unterstützt durch Pe 6, der Qi im oberen Erwärmer reguliert. Pe 6 wirkt zudem insbesondere auf den Leber-Funktionskreis aufgrund der Gleichnamigkeit der Leitbahnen von Pericard und Leber. Ma 36 und Mi 6, ableitend stimuliert, bewirken eine Aktivierung des Qi-Flusses. Di 4 ist Akutpunkt für Kopfschmerzen und zusammen mit Le 3 bildet er die sog. „Vier-Tor-Punkte", die für eine Regulation von Qi und Blut sorgen.

Kräuter: Bupleuri Radix, Paeoniae albae Radix, Poria cocos, Citri aurantii Fructus immaturus, Curcumae longae Tuber, Angelicae sinensis Radix, Chuanxiong Radix, Lycii Fructus, Rehmanniae glutinosae Radix praeparata, Glycyrrhizae Radix, Prunellae Spica, Glycinis testa, Gastrodiae Rhizoma

III Hochschlagendes Leber-Yang

Hauptsymptome: Pulsierende pochende oder stechende Kopfschmerzen, v.a. auf dem Schädeldach (s.o.), Stressituationen oder Ärger verschlimmern; Begleitsymptome sind Druckschmerz in den Augen, Mundtrockenheit, bitterer Mundgeschmack, Tinnitus

Zunge/Puls: rote Zunge ohne Belag oder mit geringem gelbem Belag, saitenförmiger oder feiner schneller Puls

Therapieziel: Beruhigen der Leber, Absenken von Yang

Akupunktur: Le 2, Ma 36, Mi 6, Pe 6, Gb 34, Gb 20, Ni 2

Erläuterung: Gb 20 ist lokaler Schmerzpunkt gegen Kopfschmerzen und er hat gleichzeitig beruhigende Wirkung auf die Leber. In dieser Wirkung wird er unterstützt durch Gb 34. Pe 6 wirkt auf den Leberfunktionskreis und regulierend auf den Qi-Fluss im oberen Erwärmer, Ma 36 und Mi 6 aktivieren den Fluss des Qi, Mi 6 stärkt zusätzlich Yin, ebenso wie Pe 6. Ni 2 senkt Yang ab.

Kräuter: Paeoniae albae Radix, Achyranthis bidentatae Radix, Moutan Cortex radicis, Salviae miltiorrhizae Radix, Lycii Fructus, Rehmaniae glutinosae Radix praeparata, Poria cocos, Ziziphi jujubae Fructus, Ziziphi spinosae Semen, Ostrae Concha, Chrysanthemi Flos

Anmerkungen zur Therapie: Die Nadelung sollte bei chronischen Kopfschmerzen anfänglich jeden zweiten Tag erfolgen, dann zweimal pro Woche, die Erhaltungsdosis liegt bei 1 mal wöchentlich. 10 Sitzungen sind bei chronischen Kopfschmerzen ein Minimum, und sie sollten durch entsprechende Kräutertherapie unterstützt werden.

Hochschlagendes Leber-Yang spricht für einen Sympathikotonus. Hier sind entsprechende Tipps für die Lebensführung zu geben. Zudem eignet sich eine Unterstützung durch die Ohrakupunktur mit vegetativ wirksamen Punkten (z.B. 55, 51 oder Vegetativum II, 26a und 98).

Leber-Qi-Stagnation sowie deren Steigerung des Leber-Feuers und des Leber-Windes haben eine starke psychische Komponente, so dass sich auch hier die Unterstützung durch Ohrakupunktur empfiehlt. Zudem geht Leber-Qi-Stagnation meist einher mit einer tatsächlichen Stoffwechselstörung der Leber. Dies bedeutet, dass die Leber nicht in der Lage ist, ihrer Entgiftungsfunktion regelgerecht nachzukommen, dass also eine Anhäufung von Umweltgiften mit ursächlich für die Kopfschmerzen sein können. Hier sind entsprechende Testungen geeignet sowie zusätzliche Ausleitungstherapien (z.B. Phönix Entgiftungskur, Derivatio/Milchsäure Pflüger oder Chlorella Algen bei Schwermetallvergiftungen).

Nieren-Yang und Nieren-Yin unterhalten enge Beziehung zum Neuroendokrinum, v.a. zu den Achsen Hypothalamus-Hypophyse-Schilddrüse und Hypothalamus-Hypophyse-Ovarien. Von daher ist bei Frauen stets das Menstruationsverhalten besonders genau zu hinterfragen, um zu überprüfen, ob es sich bei den Kopfschmerzen um urogenital bedingte Kopfschmerzen handelt. Ist ein Zusammenhang zwischen Kopfschmerz und Menstruationszyklus erkennbar, empfiehlt sich auch hier der Einsatz der Ohrakupunktur (23, 22, 59, 26 a, 28).

Der zeitliche Ablauf der Therapie:

Innerhalb von 4 bis 6 Wochen sollte sich bei chronischen Kopfschmerzen als Folge einer Verbesserung der Stoffwechsellage bereits eine deutliche Besserung ergeben haben. Bei urogenital bedingten Kopfschmerzen verläuft die Veränderung der Kopfschmerzproblematik entsprechend der endokrinen Regulation, d.h. es ist zu erwarten, dass die Kopfschmerzen sich nach ca. 2 Zyklen bessern und dann ausbleiben werden, wenn die endokrine Situation vollständig geregelt ist. Äußerlich sicht- und wahrnehmbares Zeichen sind dann regelmäßiger Zyklus ohne Begleitbeschwerden, klumpenfreies fließendes Blut von frischer Blutfarbe.

Fall

Patientin, 51 Jahre, Migränekopfschmerz seit dem 35. Lebensjahr; früher einmal in 3 bis 4 Wochen, derzeit teilweise einmal wöchentlich, teilweise über eine Woche anhaltend; Der Schmerz beginnt hinter dem Auge, verteilt sich dann auf der rechten Seite.

Zeitweise Hitzewallungen, Einschlafstörungen, Nervosität, v.a. vor Beginn der Menstruation; das Menstruationsblut ist tendenziell klumpig

Zunge/Puls: livide Zungenfarbe, glatte Ränder, feucht; geringe Stauungszeichen; Puls rechts fein und schwach, leicht fädig, Fußstelle nicht tastbar; links v.a. an der Torstelle saitenförmig, Fußstelle schwach

Diagnose: Leber-Hitze und Nieren-Yang und –Yin-Leere

Therapieziel: Beruhigen der Leber, Stärken der Niere, Anregen der Blut- und Qi-Zirkulation

Akupunktur: Bl 18, Bl 23, Ma 36, Mi 6, Le 3, Gb 34, Ren 17, Pe 6

Erläuterung: Bl 18 sind Bl 23 sind die Zustimmungspunkte für Leber und Niere. Ma 36 und Mi 6 dienen der Anregung der Blutzirkulation, ebenso Ren 17. Pe 6 reguliert das Qi des obern Erwärmers. Le 3 dient der Freisetzung gestauten Leber-Qis und der Anregung des Qi-Mechanismus.

Kräuterrezeptur: Paeoniae albae Radix, Polygoni multiflori Radix, Cyperi rotundus Rhizoma, Astragali Radix, Chuanxiong Radix, Lycii Fructus, Schizandrae Fructus, Ziziphi spinosae Semen

Erläuterung: Paeoniae albae Radix dient der Beruhigung der Leber, Polygoni multiflori Radix stärkt Leber und Niere. Cyperi rotundus Rhizoma bringt den Qi-Mechanismus in Gang, zerschlägt Qi-Stagnationen im Bereich des mittleren und oberen Erwärmers. Unterstützt wird sie durch Radix Chuanxiong. Astragali Radix und Schizandrae Fructus stärken Qi, Schizandrae Fructus und Lycii Fructus nähren die Niere, Lycii Fructus stärkt zusätzlich Leber-Yin. Ziziphi spinosae Semen beruhigt den Geist.

Die Therapie wurde insgesamt 2 Monate durchgeführt. Nach 4 Sitzungen hatte die Patientin noch eine Migräne, danach nicht mehr.

Die Therapie der Lumboischialgie in der TCM

Permanente, teils heftige Schmerzen im unteren Rückenbereich, evtl. nach thorakal und in die Beine ausstrahlend, werden in der Schulmedizin ganz allgemein als „Lumboischialgie“ bezeichnet. Die Lumbal- und Ischiasschmerzen gehen einher mit Bewegungseinschränkungen und durch Schmerz bedingten Schonhaltungen. Die Schonhaltungen begünstigen ihrerseits wieder Muskelverspannungen, muskuläre Verspannungen führen wieder zu Nervenreizungen. Vielfach ist dieser Teufelskreis ein Problem der Bandscheiben (Protrusio, Prolaps oder Degeneration) oder degenerierter Veränderungen der Wirbelkörper oder Facettengelenke. Aber auch Wind, Kälte und Nässe kommen als Auslöser in Betracht.

Die Lumboischialgie ist als Schmerzsyndrom ein traditionell gutes Indikationsfeld für die Akupunktur, auch für die TCM ganz allgemein. Voraussetzung für eine gezielte und effektive Therapie ist allerdings die genaue Diagnosestellung.

In der TCM werden Schmerzsymptome und -Syndrome generell zunächst differenziert nach:

- Art
- Qualität
- Lokalisation
- Dauer
- Modalitäten
- Mögliche Ursachen
- Begleitbeschwerden

Als Ursachen für akute und chronische Lumboischialgie kommen aus Sicht der TCM in Frage:

- Körperliche Erschöpfung
- Sexuelle Überaktivität
- Eindringen exogener pathogener Faktoren (Wind, Kälte, Nässe)
- Bewegungsmangel
- Trauma (auch Fehlhaltung, Fehlbelastung)

Die erste Differenzierung im Bereich der Lumbalschmerzen ist die nach **innen – außen.** Lumbalschmerzen, die auf den Bewegungsapparat („außen" *biao*) begrenzt sind, sind solche, die durch Trauma oder andere exogene pathogene Faktoren (Kälte, Nässe) entstanden sind. Sie sind meist akut und von relativer kurzer Dauer. Daneben steht der „innere" (*li*) Lumbalschmerz, der durch seine Chronizität gekennzeichnet ist und durch innere Ursachen hervorgerufen wurde. Aber auch ein nicht austherapierter akuter Schmerz kann chronisch werden und sich ins „Innere" ziehen. Innen und außen stehen in Wechselbeziehung zueinander. Die TCM-Theorie gibt dazu folgende Erklärung:

Lokale persistierende Schmerzen im Lendenbereich, evtl. ins Bein (oder beide Beine!) abstrahlend, gehören nach TCM-Theorie zu den sog. *bizheng.*[37] Die *bizheng* werden unterteilt nach ihrem pathogenen Faktor, der sie auslöst, oder nach der Lokalisation. Für die Lumbalgie kommen vornehmlich Feuchtigkeit und Kälte (Transportmittel: Wind) als Auslöser in Betracht. Feuchtigkeits-*bi* im Bereich der Lenden verursacht klar lokalisierbare Schmerzen der Lenden mit abstrahlenden Schmerzen in die Beine, Beinschwere und Paresen. Kälte-*bi* verursacht an der Einrittsstelle der Kälte besonders starke, teils stechende Schmerzen, die sich durch Wärmezufuhr lindern lassen. Das Stechen der Schmerzen rührt von der lokalen Blutstase, die sich durch den verlangsamten Blutfluss ergibt. Eintrittsstelle für die pathogenen Faktoren Wind, Kälte und Feuchtigkeit sind verletzliche oder chronisch verletzte Stellen im Bereich der unteren Lendenwirbelsäule wie Bandscheibenprotrusionen, Bandscheibendegenerationen, Skoliosen, Wirbeldegenerationen oder Wirbelfehlstellungen. Langfristig nicht behobenes Feuchtigkeits- oder Kälte-*bi* an einer äußeren Körperschicht (Muskeln, Sehnen, Knochen etc.) kann sich ins Innere ziehen an die entsprechenden Organfunktionskreise (*Suwen* 43). Die Wirbelsäule stellt

[37] Zu den *bizheng* s. auch oben das „Nacken-Schulter-Arm-Syndrom".

insofern einen besonderen Störfaktor dar, als sie nämlich nach TCM-Theorie der „Hauptknochen“ des Menschen ist. Feuchtigkeits- oder Kälte-Stagnation an der Wirbelsäule bedeutet Knochen-*bi*, langfristig bestehendes Knochen-*bi* kann wiederum in den zugehörigen Organkreis, die Niere, hineinziehen. Es entsteht also dann aus dem „äußeren“ Knochen-*bi* ein „inneres“, das Nieren-*bi*.

Umgekehrt kann langfristig bestehende Nierenschwäche (Nieren-*bi*) zu Knochen-*bi* der Wirbelsäule werden mit latenten Lumbalschmerzen und leichtem Ziehen in die Beine.

Eine weitere Differenzierung der Lumboischialgie ist die nach **Fülle und Leere**. Akute Schmerz-Zustände mit Steifheitsgefühl und Stechen sprechen für einen Füllezustand. Chronische Schmerzen, latent und ziehend, sprechen für Leere.

Die dritte Unterscheidung ist die nach den betroffenen **Leitbahnen**. Es können betroffen sein die Shaoyang-Leitbahn des Fußes (Gallenblase) und die Taiyang-Leitbahn des Fußes (Blase). Die Differenzierung ist dann von Bedeutung, wenn sich durch die Anamnese und Zungen-Pulsdiagnose keine weiteren Störungen finden lassen.

Man unterscheidet generell folgende Typen der Lumboischialgie:

Leitbahnen

Hitze in der Shaoyang-Leitbahn (Fülle)

Hauptsymptome: stark ziehende und brennende Schmerzen entlang der Außenseite der Ober- und Unterschenkel

Pathomechanismus: Hitze in den Shaoyang-Leitbahnen kann entstehen durch Aufnahme eines pathogenen Hitzefaktors (Umweltgifte!) oder endogene Hitze (Stress, Ärger).

Therapieziel: Ausleiten von Hitze aus den Shaoyang-Leitbahnen, Stillen des Schmerzes

Rebellierendes Qi in der Taiyang-Leitbahn: (Fülle)

Hauptsymptome: Hartnäckige Schmerzen entlang der Hinterseite der Oberschenkel

Therapieziel: Führen des Qi der Taiyang-Leitbahn in die richtige Richtung, Durchgängigmachen der Taiyang-Leitbahn, Stillen des Schmerzes

Bizheng:

Feuchtigkeits-bizheng (Fülle)

Hauptsymptome: zeihende Schmerzen hauptsächlich in den Beinen, Ausbreitung des Schmerzes generalisiert, Beinschwere, „Muskelkater", Paresen, Bewegung bessert

Pathomechanismus: chronisch bestehende verletzliche Stelle, Eintritt der Feuchtigkeit von außen, die dann in den Leitbahnen und Netzgefäßen logiert

Therapieprinzip: Beheben des *bizheng*, Trocknen der Feuchtigkeit, Stillen des Schmerzes

Kälte-bizheng (Fülle oder Leere)

Hauptsymptome: klar lokalisierbare stechende Schmerzen, beginnend im Lendenbereich, evtl. abstrahlend in die Beine, Kälte verschlimmert, Wärme und Bewegung bessern.

Differenzierung: Druck bessert (Leere), Druck verschlimmert (Fülle)

Pathomechanismus: an der chronisch bestehenden verletzlichen Stelle dringt Kälte von außen ein. Die Kälte verursacht eine Verlangsamung des Qi- Flusses (Qi-Stagnation), die dann langfristig eine Stase des Blutflusses verursacht.

Therapieprinip: Beheben des *bizheng*, Zerstreuen der Kälte, Wärmen der Leitbahnen, Stillen des Schmerzes

Nieren-Yang-Leere

Hauptsymptome: chronische ziehende latente Schmerzen in der Lendengegend, leicht in die Beine abstrahlend an der Hinterseite der Oberschenkel (Blasenleitbahn)

Nebensymptome: Kälte der Extremitäten, kalte Lenden, Müdigkeit, evtl. Potenzstörungen, Knieschmerzen, häufige Miktion mit viel klarem Urin. Wärme und Ruhe bessern, Bewegung verschlechtert

Pathomechanismus: Konstitutionelle Nieren-Yang-Leere oder Auskühlung der Niere durch Fehlernährung führen dazu, dass die Niere ihrer Erwärmungsfunktion nicht mehr nachkommen kann. Die Folge sind kalte Lenden und der Leitbahn des zur Niere gehörenden Yang-Organs Blase.

Therapieziel: Wärmen von Nieren-Yang, der Lende und der Leitbahnen, Stillen des Schmerzes

Nieren-Yin-Leere

Hauptsymptome: Die Schmerzen i.e. entsprechend der Nieren-yang-Leere mit weniger oder ohne Kältegefühl in den Lenden.

Nebensymptome: feiner Tinnitus, Ängste, Ruhelosigkeit trotz Erschöpfung, Schlaflosigkeit, Osteoporose, Vergesslichkeit, Konzentrationsschwäche

Pathomechanismus: Konstitutionelle Nierenschwäche, Erschöpfung von Nieren-Essenz und Nieren-Yin durch sexuelle Überaktivität, zu viele Geburten oder Fehlgeburten, zu langes Stillen oder chronische Krankheiten. Die Folge dessen ist die Unterernährung von Knochen und Gehirn, daraus entstehen Konzentrationsschwäche und Osteoporose; die Verbindung zwischen Herz und Niere reißt ab, was sich in Schlaflosigkeit manifestiert.

Therapieziel: Stärken und Nähren von Nieren-Yin, Stillen des Schmerzes

Generelle Prinzipien der Therapie

Prinzipiell kann bei jedem Typ die Akupunkturtherapie hilfreich sein, evtl. kombiniert mit Ohr- oder Schädelakupunktur. Die Kräutertherapie empfiehlt sich unterstützend ebenfalls, insbesondere bei allen chronischen Zuständen, bei denen sich auch eine Organbeteiligung diagnostizieren lässt (Knochen-*bizheng*, Nierenschwäche). Die Therapie richtet sich streng nach der chinesischen Diagnose .

Akupunktur:

Leitbahnenpunkte, *ashi*-Punkte [38] , Nahpunkte, Fernpunkte, Meisterpunkte, Zustimmungspunkte

Wirksame Punkte sind:

Nahpunkte: Huatuo-Punkte (Ex 12, Ex-B 2) an betroffenen Segmenten, Gb 29, Gb 30, Gb 31, Bl 56, Bl 54, Bl 32, *yaoyan* („Lendenauge" Ex-B 7) Höhe Bl 25 in horizontaler Linie), Du 4

Fernpunkte: Gb 40, Gb 41, Bl 40, Bl 57, Bl 62, Dü 3 (Öffnungspunkt des Dumai), Bl 60/Ni 3

Meisterpunkte: Gb 34 (Sehnen), Bl 17 (Blut)

Zustimmungspunkte: Bl 18 (Leber), Bl 19 (Galle), Bl 23 Niere, Bl 20 (Milz),

Es gilt: bei akuten Zuständen haben Fernpunkte den Vorrang vor lokalen Punkten. Je chronischer der Schmerzzustand ist, desto eher kommen Nahpunkte, Zustimmungspunkte und *ashi*-Punkte zum Einsatz. Im Akutfall ableitend stimulieren, im chronischen Zustand neutral oder zuführend.

Cave: bei extremen chronischen Schmerzzuständen besser auf Schädelakupunktur oder Ohrakupunktur ausweichen, bis sich der Schmerz auf ein „erträgliches" Maß reduziert hat. Erstverschlimmerungen können so vermieden werden.

Kräuter: Es werden Kräuter gebraucht zum Stärken von Qi, Leiten von Qi, Anregen der Blutzirkulation, Wärmen der Leitbahnen, Besänftigen von Wind (äußerer und/oder innerer Wind), Stärken von Nieren-Yin und Nieren-Yang und Stillen des Schmerzes

[38] *Ashi*-Punkte sind schmerzhafte Punkte, die keine Leitbahnenpunkte sind. In der westlichen Akupunktur heißen sie auch Davos-Punkte.

Wirksame Kräuter sind z.B.: Achyranthis bidentatae Radix, Eucommiae Cortex, Chuanxiong Radix, Angelicae seu Heraclei Radix, Loranthi Ramulus, Sposhnikoviae Radix, Paeoniae albae Radix, Magnoliae Cortex, Cinnamomi cassiae Ramulus, Dipsaci Radix, Mori Ramulus, Morindae Radix, Corni Fructus, Clematidis Radix

Sonderfall Hexenschuss:

1. Akut, am gleichen Tag therapiert wie geschehen, am besten innerhalb einer Stunde: Extrapunkte „yaotongdian" Ex 18 (Lendenschmerzpunkt Ex-UE 7), während dem Stimulieren leicht die Hüfte rotieren lassen mit zunehmendem Radius.
2. Therapie innerhalb zwei Tagen mit Muskelverspannung: lokale Punkte (z.B. Huatuo-Linie Ex 12 am entsprechenden Segment) kurz nadeln, Ex 18, Wärmezufuhr während der Behandlung. 2 Sitzungen reichen in der Regel aus.

Fall

Patientin, 68 Jahre

Lumboischialgie therapieresistent seit mehreren Wochen (Injektionen, Injektoakupunktur in Gb 29, Huatuo L 4/5, Gb 31 waren fruchtlos). Die weitere Anamnese ergab: Stress und langfristiger Ärger durch die hoch betagte Mutter, die seit 36 Jahren im gleichen Haushalt wohnt und den Alltag seither bestimmt. Seit mehreren Wochen nach einem Schlaganfall ist die Mutter pflegebedürftig, die Nachtruhe ist gestört. Seit dieser Zeit auch deutliche Zunahme der Schmerzen entlang der Gallenblasenleitbahn.

Diagnose: Hitze in der Shaoyang-Leitbahn des Fußes durch endogene Hitze (Leber-Wind).

Therapie:

Ohr: 52 (Ischiaspunkt), 55 (shenmen), 82 (Nullpunkt); YNSA [39] : Zone Gallenblase, D1-D5-Zone; Körper: Gb 30, Gb 29, Gb 34, Gb 41

2x wöchentlich, 6 Sitzungen

[39] YNSA bezeichnet die „Yamamoto New Scalp Acupuncture".

Erläuterung: Die Hitze in der Shaoyang-Leitbahn entstand durch Hitze in Leber und Galle aufgrund der privaten Stress-Situation. Die Gallenblasenzone hatte bei der Halsdiagnostik schmerzhaft reagiert, daher wurde die Gallenblasenzone am Schädel gewählt; shenmen (55) im Ohr dient der Beruhigung des Geistes. Gb 30 und Gb 29 sind lokale Schmerzpunkte, Gb 34 besänftigt Leber-Wind, Gb 41 leitet die Hitze aus der Shaoyang-Leitbahn.

Ergebnis:

Nach 2 Sitzungen leichte Besserung, nach 4 Sitzungen deutliche Besserung, nach 6 Sitzungen quasi Schmerzfreiheit

Printed by Books on Demand GmbH, Norderstedt / Germany